电网基建项目投资管控与数据管理

国网浙江省电力有限公司经济技术研究院　组编

中国电力出版社

CHINA ELECTRIC POWER PRESS

内 容 提 要

本书结合实际案例，对电网基建项目投资管控与数据管理进行了分析和提炼。全书共 7 章：第 1 章介绍了电网投资能力预测、电网投资计划分配、电网投资项目执行监控、电网投资执行评价、电网项目数据资产管理体系、电网项目数据资产管理应用等的概念和简要内容；第 2~5 章介绍电网投资管控相关的电网投资能力预测、电网投资计划分配、电网投资项目执行监控、电网投资执行评价等内容，详细给出了相应的模型、标准、指标体系及实证案例；第 6、7 章介绍电网项目数据资产管理体系及应用，说明了数据资产管理的现状、数据资产管理体系建设、数据资产估值应用和入表应用等内容。

本书适合从事电网基建项目投资管控与数据管理工作的相关人员阅读使用。

图书在版编目（CIP）数据

电网基建项目投资管控与数据管理/国网浙江省电力有限公司经济技术研究院组编. —北京：中国电力出版社，2024.6

ISBN 978-7-5198-8881-7

Ⅰ.①电… Ⅱ.①国… Ⅲ.①电网－电力工程－基本建设投资－项目管理－数据管理－中国 Ⅳ.① F426.61

中国国家版本馆 CIP 数据核字（2024）第 088522 号

出版发行：中国电力出版社
地　　址：北京市东城区北京站西街 19 号（邮政编码 100005）
网　　址：http://www.cepp.sgcc.com.cn
责任编辑：穆智勇　张冉昕　田丽娜
责任校对：黄　蓓　张晨获
装帧设计：郝晓燕
责任印制：石　雷

印　　刷：北京雁林吉兆印刷有限公司
版　　次：2024 年 6 月第一版
印　　次：2024 年 6 月北京第一次印刷
开　　本：710 毫米 × 1000 毫米　16 开本
印　　张：10.75
字　　数：180 千字
定　　价：58.00 元

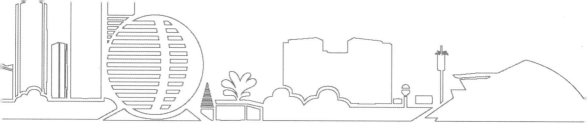

编委会

前言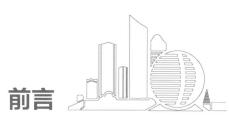

党的二十大报告提出要"加快国有经济布局优化和结构调整，推动国有资本和国有企业做强做优做大，提升企业核心竞争力"。党中央对推动高质量发展、加快"碳达峰、碳中和"战略落地，以及推进国家治理体系和治理能力现代化等作出一系列部署，对企业深化改革、提质增效提出更高、更迫切的要求。

随着新一轮电力体制改革进入深水区，电网企业的经营环境、盈利模式、管理机制、战略规划都面临着巨大的变化。政府对电网企业的监管逐步向输配电价聚焦，投资、收入等都将受到更严格的监管。同时，各地政府深度推动"放管服"改革，深化简政放权，营造良好营商环境，为地方大型国有企业立足自身实际，制定灵活、精准的经营策略提供了条件。面临增量市场竞争，电网企业需要进一步确立科学经营、精益管理的理念，保障电网高质量发展。

面对新型电力系统提速发展形势任务，电网企业要深入践行新发展理念，紧抓数字化转型契机，更加聚焦主责主业，以更高质量、更高效率的发展破解突出矛盾和问题，建立适应监管要求、注重投入产出的经营发展方式。根据国家电网有限公司（简称国家电网公司）投资管控要求，电网投资管理需要在规划、前期、核准和计划管理等环节更加高效，强化项目全过程管控；同时，充分发挥统筹协同作用，综合平衡发展需求与投入能力，提升管理精度，把握投资重点、优化投资结构，加快战略转型步伐。

本书包括电网投资能力预测、电网投资计划分配、电网投资项目执行监控、电网投资执行评价、电网项目数据资产管理体系、电网项目数据资产管理应用七章，明确投资全过程管理的方法，结合实际案例，剖析业务管理模式和数据信息，为实现项目全过程监督，支撑项目管控，辅助投资决策提供了方法依据。进一步解决投资分配缺乏客观依据、电网安全与投资效益难平衡、综合计划资金利用不够充分等痛点、难点问题，为电网企业高质量发展奠定坚实基础。

本书结合实际案例，对电网基建项目投资管控与数据管理进行了分析和提炼，希望能给读者带来一些思考和启发，如有不足之处，请给予更多指导和建议。

编者

2024 年 5 月

目录

1 综述

投资管控是指企业生产经营过程中对各项内容进行的成本核算、分析、决策和控制等管理行为的总称。在电网基建项目中，投资控制管理的要求在工程建设过程中跟踪资金流向，核算实际成本信息，对比成本目标、各定额标准和实际情况，及时发现偏差，分析重大偏差产生的原因，并予以纠正，确保投资质量和效益，提高企业精益化管理水平。同时，数据以及数据产生的信息是企业资产这一观念，已经成为普遍共识。企业通过数据资产，可以提供更好的产品和服务降低成本、控制风险、促进发展，因此数据资产管理受到企业高度重视。

本书主要围绕电网基建项目投资管控与数据资产管理，详细阐述了电网投资能力预测、电网投资计划分配、电网投资项目执行监控、电网投资执行评价、电网项目数据资产管理体系、电网项目数据资产管理应用六个方面的具体做法，对提高企业电网投资管控能力和数据资产管理能力有着很强的实践指导意义。

一、电网投资能力预测

本章针对电网企业在电力体制改革背景下的投资能力进行分析，通过构建投资能力预测模型，为省级电网企业制定科学合理的投资规划提供理论支持。

首先，从投资能力预测理论模型入手，阐述了投资能力预测的基本原理。通过分析现金流量、投资规模和经营活动现金流入净额等指标之间的关系，提出了投资能力预测的理论模型。在此基础上，进一步构建了投资能力预测指标体系，从多个角度全面衡量投资能力。

其次，聚焦于投资能力预测的实证分析。以甲省电力市场为例，通过对经营活动现金流入净额、融资活动现金流入净额、投资活动现金流入净额和现金持有量增加额等指标的预测，对甲省电网企业的投资能力进行了实证测算。结果显示，投资能力预测模型可有效地预测甲省电网企业的投资能力，为制定投资规划提供了有益参考。

同时，探讨了投资能力预测在电力体制改革背景下的应用。结合电力市场化改革阶段设计，分析了投资能力预测在不同阶段的特点和影响因素，为甲省电网企业投资能力的短期和长期预测提供了理论依据。

最后，针对地市级电网企业投资能力的测算进行了深入探讨。根据地市级电网企业的实际情况和数据可获得性，简化了投资能力测算模型，并对地市级电网企业的融资和投资活动现金流入净额、最佳现金持有量等指标进行了预测。此外，预测还综合考虑了区域经济发展需求，为地市级电网企业投资能力预测提供了更具实用性的建议。

二、电网投资计划分配

本章通过分析新电改机制下纳入综合计划范围的准入标准、甲省级电网企业典型年度综合计划分配实证分析、建立项目实施时序决策指标体系三个方面，对电网投资计划分配进行了深入研究。

首先，明确电力体制改革、国资国企改革和央企投资监管等外部政策环境对综合计划范围的准入标准具有重要影响。在企业新战略体系、业务发展新布局和运营管理新理念等新形势、新要求下，综合计划范围的资本性投资和成本性支出有所不同，要求具备一定的经济效益、技术效益、环保效益及社会效益。

其次，通过对历年综合计划现状的分析，构建了综合计划分配模型，并进行了甲省电网企业典型年度综合计划分配的实证分析。在综合计划分配过程中，挖掘影响各专业投资资金分配的因素，并建立各类专业分配的指标体系。通过计算指标权重、运用综合评价法计算地市级电网企业的分配权重，以及调整优化分配策略，实现综合计划分配的合理化。

最后，梳理项目实施时序影响因素，建立项目实施时序决策指标体系，并构建项目实施时序模型。通过对电网建设项目实施时序的案例分析，可以发现电网基建项目实施时序的决策需综合考虑需求紧迫度、电网提升度、企业发展度等多方面因素。通过应用基于改进的优劣解距离法模型（GRA-TOPSIS）模型的电网项目排序决策模型，可有效确定电网项目实施时序，提高投资效益。

三、电网投资项目执行监控

本章重点关注电网投资项目执行监控研究，通过构建项目全过程监控预警模型，实现对电网基建项目风险的有效识别和管理，主要分为三部分：第一部分重点介绍项目全过程监控预警模型的构建，包括项目全过程监控指标体系构建、基于正态分布的预警模型构建等内容；第二部分介绍电网基建项目数据监测分析体系的构建，包括"四个链条"指标监测、"三率曲线"监测等；第三部分围绕项目核查方法，针对投资进度曲线异常、建设进度曲线异常等五类红色预警情况进行详细分析，提出了具体的核查思路和步骤。

电网投资项目执行监控在以下三个方面进行了创新。一是提出了一种基于项目生命周期理论的电网项目全过程监控预警模型，通过正态分布理论对项目关键节点进行预警分析，有助于提前发现项目风险并采取相应措施。二是创新性地提出了纵横一体的电网基建项目数据监测分析体系，通过整合"四个链条"指标和"三率曲线"，实现对项目执行全过程的全方位监控。三是针对电网基建项目投资执行风险，提出了动态预警监测机制，并归纳基本的项目核查方法，包括现场核查、文件核查、系统核查等，以期准确定位项目执行过程中的问题。本章的研究成果对于提高电网项目管理水平、降低投资风险具有重要的理论和实践意义。

四、电网投资执行评价

本章主要从三个方面阐述了电网投入效益评价体系和具体方法。

首先，重点介绍项目投入效益评价指标体系的构建。从战略、价值、协同、流程四个维度出发，结合电网企业项目的特点，设计16个三级评价指标，构建项目投入效益通用评价指标体系。此外，还针对电网基建项目投资和产出特点，增加个性化评价指标，如单位电网投资增收电量、城网电压合格率等，以全面评估项目投入效益。

其次，主要介绍甲省电网企业基建项目投入效益评价分析。基于层次分析与灰色模糊综合评价法，构建项目投入效益评价模型，并采用专家打分法和隶属度理论将定性评价转化为定量评价。通过实证分析，得出电网基建项目投入效益逐年提升的结论，并从战略、价值、协同、流程四个维度分析了该电网企业基建项目投入效益改善情况。

最后，对省级电网企业下属的地市级电网企业的基建项目投入效益进行了评价分析。同样采用层次分析与灰色模糊综合评价法，构建了地市级电网基建项目投入效益评价模型。分析结果显示，地市级电网基建项目投入效益逐年提升，尤其是 2015 年新电改以后。此外，还对各地市级电网企业基建项目投入效益进行了区域横向比较，发现部分地市级电网基建项目投入效益较高，而部分偏远地区的地市级电网基建项目投入效益较低。

五、电网项目数据资产管理体系

本章主要对电网项目数据资产管理体系进行探讨，为电网项目数据资产管理提供了理论指导和实践建议，有助于挖掘数据资产价值，提升应用效率。对国内外数据资产管理的发展状况进行分析，并构建了一套全面、完善的数据资产管理框架。主要提出数据资源化、资产化、资本化的"三化"路线，强调数据资源化、资产化和资本化的重要性。同时，对国外数据资产管理研究进行探讨，发现各国主要关注数据开放、确权和流通的问题。本部分以电网数据为例，探讨数据资产管理体系的构建和实践，包括数据标签设计、应用场景梳理、数据确权和价值评估等方面。数据资产管理是一项多部门合作、持续性的管理工作，需要明确各部门的日常管理职责。价值管理部门提出数据资产价值提升的管理要求，数据管理部门以数据高质量、高可用性为目标，业务管理部门配合数据治理工作，法律合规部门确保数据合规和合理配置权益。在数据资产化和资本化阶段，各部门需协同合作，完成数据资产的盘点、确权、价值评估和交易等工作。

最后，电网项目数据资产管理体系对数据资产确权进行了深入探讨，指出数据确权是数据资产化的基础，需平衡各方利益。在确权过程中，需关注数据权益的构成，包括人格性权益和财产性权益。作者提出了一种类型化、场景化、价值化的思路，以降低合规风险，推动数据资产的价值化实现。

六、电网项目数据资产管理应用

本章主要探讨数字资产在电网项目中的管理与应用。对数字资产在未来数字化时代的重要性及其在不同领域的应用进行分析。同时，针对电网项目数据资产管理应用进行深入剖析，研究数据资产估值、数据资产"入表"，以及多因子成本修正模型等具体应用方法。在数据资产估值方面，主要介绍了成本法、收益法和市场法等估值方法，并通过案例分析各种方法的适用性。对于一般企业数据资产估值，提出了优化成本定价法、估值方法适用性评价矩阵及优化市场定价法等方法。在数据资产"入表"方面，探讨数据资产会计处理的相关问题，并提出了一套可供参考的"入表"规则。给出了分析数据资产后续计量、数据资产减值及数据资产终止计量等方面的具体处理方法。

电网项目数据资产管理应用从实践角度出发，为电网项目数据资产的管理和应用提供有效借鉴。在未来，随着数据资产在各个领域的广泛应用，掌握数据资产的投资和使用技巧，防范风险和控制风险，将对促进企业数据资产的健康、稳定和可持续发展具有重要意义。

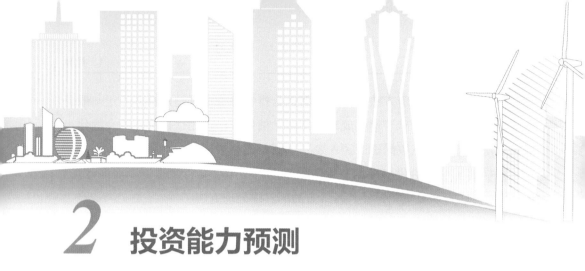

2 投资能力预测

电力体制改革对公司的市场环境、经营模式、投资策略产生重大冲击，国家电网公司对电网企业的发展管理赋予了新内涵、新定位、新目标，因此要求电网企业建立更加精准高效的投资规划，以新战略引领新发展。投资能力研究对制定科学合理的投资规划具有重要意义，本章通过构建科学合理的投资能力预测模型，进而实证测算电网企业投资能力。

2.1 投资能力预测理论模型

现阶段，电网发展投入总体围绕建设需求展开，往往存在优先考虑社会效益、轻视企业经济效益的现象，对于企业本身经营发展考虑较为欠缺，导致投资行为与企业战略目标不能很好地衔接。近年来，随着电力体制改革的深入推进，电力行业发展面临着严峻形势，电网企业必须要适应发展，逐步向现代化企业转型、向健康的方向发展。因此，本章通过构建电网发展投入投资能力预测模型，将企业整体经营情况纳入电网发展投资决策综合考虑，注重投资收益，实现电网企业的可持续发展。

2.1.1 理论模型原理

投资能力理论表明，在外部融资成本高于内部融资成本的情况下，投资规模与经营活动现金流量之间呈正相关，现金流量变化对投资规模具有较强的敏感性，现金流量可较好地解释企业的投资规模。因此，构建投资能力预测模型，必须充分考虑维持电网企业良性运转的现金流水平所造成的投资能力约束，在充分剖析现金流量表的基础上，将电网企业投资规模主体分成四部分，即经营活动现金流、投资活动现金流、融资活动现金流、现金及现金等价物增加额。构建出投资能力理论模型公式为：

$$目标函数\ CapEx = f(X, p, H)$$

$$s.t. \begin{cases} DR \leqslant target \quad DR \\ TP \geqslant target \quad TP \end{cases} \tag{2-1}$$

式中：$CapEx$ 为投资规模；X 为相关变量；p 为参数；H 为关键假设；DR 为资产负债率；TP 为利润总额。

该模型采用现金流量恒等式作为逻辑起点：投资规模＝经营活动现金流入＋融资活动现金流入＋投资活动现金流入－现金及现金等价物增加额。投资能力是在相应的约束条件下取极值，其中，经营活动产生的现金流入净额为在给定的电量增幅和目标利润总额约束下的最大值；融资活动产生的现金流入净额为在目标利润总额和资产负债现值约束下的最大值；投资活动现金流入净额为根据实际情况预计的最大值；现金及现金等价物净增加额为保证资金安全备付约束下的最小值。

2.1.2　理论模型修正

该模型现金流的恒等式作为模型构建的起点，对未来期间的利润和资产负债率进行了限定，以限定条件下的极值作为投资能力。模型中考虑了投资的现金流约束和融资约束，在实务中具有很强的操作性。但模型中仅以目标利润和资产负债率对预期产出和融资约束进行限定过于单一，考虑到当前新电改下面临的新形势，必须同时考虑电网的发展阶段、企业发展战略、外部政策因素等，所以要进一步修正模型，具体如下。

首先，设计电力市场化改革发展阶段。随着电力体制改革不断深入，电网企业的运营模式和盈利模式已经直接受到改革的影响，尤其是输配电价改革及增量配电改革，对电网投资建设将带来较大的影响，使原先属于电网企业内部经营行为的电网投资和建设工作，必须要充分考虑电改外部环境，有针对性地设计电力市场化改革的阶段进程，模拟不同情景下的投资能力。

其次，解析现金及现金等价物净增加额。现金及现金等价物净增加额作为电网企业的安全备用金设置，应进一步分析影响其变化的因素，尤其在电力市场化改革浪潮下，电网企业面临更大的内外部风险和挑战，精准测算出最佳现金持有量，能更有弹性地应对内外部的风险管理。

最后，将电网企业面临的外部政策环境、企业治理结构、政治关联、地区经济发展等非财务因素加入了模型，构建非财务因素影响系数函数，将其作为原模型整个投资能力的调整系数，即在等式的右侧乘以非财务影响系数，而这一系数受到外部政策环境、电网企业发展战略目标等非财务因素影响。

总之，电网企业的投资规模与现金流之间存在较强的相关性，采用现金流衡量电网企业的投资能力，可规范投资行为，降低投资风险。因此，从现金流角度构建投资能力预测模型，基本测算公式为：投资能力＝经营活动现金流入净额＋融资活动现金流入净额＋投资活动现金流入净额－最佳现金持有量。测算过程可分为经营活动现金流入净额、融资活动现金流入净额、投资活动现金流入净额、最佳现金持有量四个模块。

2.1.3　理论模型设计

电网发展投入投资能力预测模型基于系统动力学理论，将电网发展投入投资能力分解为四个子动力系统，即经营活动现金流入净额、融资活动现金流入净额、投资活动现金流入净额、最佳现金持有量。根据四个子系统特点，分别采用多元回归、自回归移动平均模型（auto-regression and moving average，ARMA）、趋势外推、加权移动平均法等进行预测，从而精准测算甲省电网企业电网发展投入投资能力。

1. 经营活动现金流入净额预测

经营活动产生的现金流入净额是企业经营现金毛流量扣除营运资本增加额后的净额，其反映企业的内部经营活动能够提供的现金流的大小，是企业内源融资的关键部分，受到多种因素影响，包括净利润、费用化利息、折旧费用等。经营活动现金流入净额预测采用多元回归的方法，通过研究经营活动现金流入净额与其影响因素之间的关系，对其未来值进行预测，其模拟方程式为：

$$Y_t = \beta_0 + \beta_1 X_{1t} + \beta_2 X_{2t} + \cdots + \beta_k X_{kt} + \mu_t \tag{2-2}$$

式中：Y_t 表示经营活动现金流入净额；X_{1t}，X_{2t}，$\cdots$，X_{kt} 表示影响经营活动现金流入净额的各个因素，包括净利润、费用化利息、折旧费用等；β_0，β_1，β_2，$\cdots$，β_k 表示各个因素的影响程度；μ_t 表示残差。

2. 融资活动现金流入净额预测

融资活动是导致企业资本及债务规模和构成发生变化的活动。融资活动现金流入净额能够反映企业对外筹集资金净额的大小。通过分析历年现金流量表，得到影响融资活动现金流入净额主要因素有：带息负债余额、财务费用、上缴投资收益。其测算公式为：融资活动现金流入净额=融资活动收入额−财务费用。

3. 投资活动现金流入净额预测

投资活动现金流入净额是指企业在投资活动中收回的现金，包括处置固定资产、获得投资收益等。投资活动现金流入净额变动受到多种因素的影响，可以采用时间序列模型进行估计，通过投资活动现金流入净额对自身滞后变量的依存关系，建立模拟方程，以过去值来预测未来自然延伸值，模拟方程式为：

$$Y_t = \alpha + \beta_1 Y_{t-1} + \beta_2 Y_{t-2} + \cdots + \beta_k Y_{t-k} + \mu_t + \gamma_1 \mu_{t-1} + \gamma_2 \mu_{t-2} + \cdots + \gamma_j \mu_{t-j} \quad （2\text{-}3）$$

式中：Y_t 表示投资活动现金流入净额的预测值；α 表示回归方程的回归系数；β_1，β_2，$\cdots$，β_k 表示各因素的影响程度；Y_{t-1}，Y_{t-2}，$\cdots$，Y_{t-k} 表示投资活动现金流入净额的前期值；μ_t，μ_{t-1}，μ_{t-2}，$\cdots$，μ_{t-j} 表示残差；γ_1，γ_2，$\cdots$，γ_j 表示各因素对残差的影响程度。

4. 最佳现金持有量预测

最佳现金持有量是企业的最低安全备付金，电网企业投资能力是指电网企业的最大投资规模，因此最佳现金持有量应为维持电网企业正常运营，以及应对各种风险的现金最佳持有量。新电改下的最佳现金持有量受到很多因素的影响，如企业规模、企业发展阶段、财务风险等。因此，估计采用多元回归方法，通过研究最佳现金持有量与其影响因素之间的关系，对未来值进行预测，其模拟方程式为：

$$Y_t = \beta_0 + \beta_1 X_{1t} + \beta_2 X_{2t} + \cdots + \beta_k X_{kt} + \mu_t \quad （2\text{-}4）$$

式中：Y_t 表示最佳现金持有量；X_{1t}，X_{2t}，$\cdots$，X_{kt} 表示影响最佳现金持有量的各个因素，包括企业规模、企业发展阶段、财务风险等；β_0，β_1，β_2，$\cdots$，β_k 表示各个因素的影响程度；μ_t 表示残差。

通过对经营活动现金流入净额、融资活动现金流入净额、投资活动现金流入净额、最佳现金持有量的估计，依据测算公式：投资能力 = 经营活动现金流入净额 + 融资活动现金流入净额 + 投资活动现金流入净额 − 最佳现金持有量，可对投资能力进行测算。投资能力测算框架如图 2-1 所示。

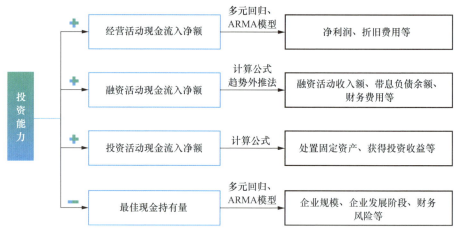

图 2-1　投资能力测算框架图

2.2　投资能力预测指标体系

投资能力预测指标体系的构建需要以科学合理、全面完善、务实灵活为原则，构建全方位的指标体系，从多个角度衡量投资能力。指标体系构建过程遵循全面性原则，分别从经营活动现金流入净额、融资活动现金流入净额、投资活动现金流入净额及最佳现金持有量四个模块出发。通过研究各个模块的影响因素，选取恰当的衡量指标，搭建全方位多角度的指标体系。同时，通过指标层层分解、逐级细化，实现业务数据和财务数据的结合，从而提高模型预测的精度。

2.2.1　经营活动的指标体系构建

经营活动现金流入净额预测采用多元回归分析模型，其解释变量为影响经营活动现金流入净额的各项指标，通过多元回归分析，得出经营活动现金流入净额与各个影响因素之间的定量关系。为了提高预测精度，实现业务数据与财务数据相结合、定量预测和定性分析互相补充，必须对解释变量进行指标分解。同时，通过定性分析和定量分析方法对其进行预测，之后将预测值代入经营活动现金流入净额与各个影响因素的回归方程中，从而计算出经营活动现金流入净额的预测值。这里将经营活动现金流入净额的解释变量设定为一级指标，将解释变量的测算指标设定为二级指标，经营活动现金流入净额预测流程图如图 2-2 所示。

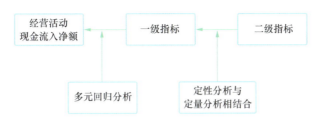

图 2-2 经营活动现金流入净额预测流程图

1．一级指标体系构建

基于现金流量活动表，构建经营活动现金流入净额的一级指标，具体指标包括：净利润、折旧费用、投资净收益、资产减值损失、递延所得税资产、递延所得税负债、长期待摊费用、非流动资产处置损失、公允价值变动损失、存货、经营性应收项目、经营性应付项目。但非流动资产处置损失、公允价值变动损失的数据缺失较多，增加了模型预测的不确定性，因此需要剔除；对于存货、经营性应收项目、经营性应付项目这三项指标，为了简化计算，采用流动资产和流动负债进行替代。依据上述指标，构建经营活动现金流入净额一级指标体系，具体如表 2-1 所示。

表 2-1 经营活动现金流入净额一级指标体系

影响因素	衡量指标	估计方法
经营活动现金流入净额	净利润	回归分析模型
	折旧费用	
	投资净收益	
	资产减值损失	
	递延所得税资产	
	递延所得税负债	
	长期待摊费用	
	流动资产	
	流动负债	

2．二级指标体系构建

明确经营活动现金流入净额的一级指标后，进一步分解一级指标，挖掘出影响经营活动现金流入净额的深层因素，形成可量化的二级指标。通过选取二级指标对模型中解释变量分别进行预测，其目的在于两点：一是对解释变量进行分解预测，实现业务规划和财务预测的结合，提高模型预测精度；二是结合电力市场化改革,采用定性分析和定量测算相结合,考虑公司发展规划的同时,利用数据挖掘技术探索数据的波动规律。二级指标选取过程具体如下:

(1)净利润:净利润是反应企业利润的核心指标,受到企业业务扩展速度的重要影响,因此可对净利润进行指标分解,从业务角度和财务角度综合衡量。净利润可分解为息税前利润、费用化利息及相关税费。

息税前利润能够反映企业的经营业绩,在销售电价和购电成本稳定的情况下,与售电量呈正比例关系,因此售电量是影响净利润的关键指标。同时,考虑电力市场化改革,尤其是输配电价改革对企业经营模式的影响,必须充分考虑售电侧放开程度、输配电价等因素,使预测结果更符合企业的实际状况,从而提高模型的预测精度。

费用化利息是企业的融资成本,反映企业的融资状况,对于负债较多的企业来说,是影响其利润的关键指标。利息的高低受到金融性负债和利息率两方面影响,在利息率稳定的情况下,主要受到负债额的影响。考虑电网企业负债额存量和增量相对稳定,且负债风险低,因此不作为重要变量因素考虑。

税费高低主要取决于税率,而税率在短时间之内是恒定因素,不易发生波动,因此忽略税费对净利润的影响。综上所述,选取售电量、购售电差价为净利润的解释变量。

(2)折旧费用:固定资产折旧、无形资产摊销受到固定资产和无形资产及折旧摊销率影响,由于会计政策在短时间内保持一致,折旧方法不易发生变化,因此其主要受固定资产和无形资产数额的影响。而固定资产和无形资产是经营性长期资产,其增长随着电网企业的扩张逐步增长,依据生命周期理论,其波动随着时间会呈现一定的规律性,因此对于折旧费用的估计采用时间序列预测模型,测算采用历史样本期数据。

(3)递延项目:递延所得税资产和负债的增减是由于会计与税务处理不一致,导致资产负债的账面价值与计税基础之间产生差异引起的。会计政策和税法规定都是稳定因素,递延所得税资产负债的变动也相对稳定,其估计同样可采用时间序列预测模型。

(4)流动资产和流动负债:一般来说,流动资产和流动负债中多数项目属于经营性项目,受到售电量的关键影响,预测中常采用经营性项目与售电量保持同比增长的假设,因此通过回归分析研究流动资产和流动负债与售电量之间的依赖关系,对流动资产和流动负债进行预测。模拟方程式分别为:

$$LZ = \beta_0 + \beta_1 XL + \varepsilon \qquad (2\text{-}5)$$

式中：LZ 表示流动资产；β_0 和 β_1 表示该回归方程的回归系数；XL 表示售电量；ε 表示残差。

$$LF = \delta_0 + \delta_1 XL + \mu \qquad (2\text{-}6)$$

式中：LF 表示流动负债；δ_0 和 δ_1 表示该回归方程的回归系数；XL 表示售电量；μ 表示残差。

（5）准纯随机项目：一般来说，投资净收益、资产减值损失、长期待摊费用，这些指标的波动随机性较大、发生次数较少且对经营活动现金流入净额的影响较小，称为准纯随机项指标。这些指标变动的时间规律性较弱，难以通过数据挖掘方法估计得出。但在企业某个特殊阶段具有重要影响，虽然其发生次数较少，但可能涉及资金数额大，就可能对经营活动现金流变动造成重大影响。因此，对于这些指标，可使用数据挖掘方法判断其是否对经营活动现金流入净额有显著影响，若影响显著，则需要通过定性分析方法，结合甲省电网企业的战略计划，考虑赋予其经验估计值；若影响不显著，可进行剔除。

综上所述，经营活动现金流入净额的二级指标体系如表 2-2 所示。

表 2-2　　　　　　　　经营活动现金流入净额的二级指标体系

一级指标	二级指标	测算方法
净利润	售电量（XL）	构建回归方程：$JLR = \beta_0 + \beta_1 XL + \beta_2 F + \varepsilon$
	购售电差价（F）	
流动资产	售电量（XL）	$LZ = \beta_0 + \beta_1 XL + \varepsilon$
流动负债	售电量（XL）	$LF = \delta_0 + \delta_1 XL + \mu$
折旧费用	往期数据	时间序列分析模型
递延所得税资产	往期数据	时间序列分析模型
递延所得税负债	往期数据	时间序列分析模型
长期待摊费用	—	定性分析
资产减值损失	—	定性分析
投资损失	—	定性分析

2.2.2　融资活动的指标体系构建

融资活动现金流入净额主要受到融资活动收入额、财务费用等因素的影响。财务费用主要受企业债务融资引起的利息费用的影响，电网企业的利息费用由带息负债余额和利息率决定，因此财务费用的测算可用公式表示为：

$$C = J \times L \tag{2-7}$$

式中：C 表示财务费用；J 表示带息负债余额；L 表示平均利息率。

依据财务费用的测算公式，需对带息负债余额和平均利息率进行估计，平均利息率不易发生变动，可取甲省电网企业内部经验数据作为估计值。带息负债余额的估计采用定性和定量分析相结合的方法。带息负债余额与企业的融资政策紧密相关，同时受偿债能力、融资能力、企业内部的战略规划影响，因此采用定性分析的方法更为合理，但在电网企业延续往年的融资政策没有发生显著变化的情况下，可考虑使用时间序列预测模型进行估计。

综上所述，融资活动现金流入净额指标体系如表 2-3 所示。

表 2-3 融资活动现金流入净额的指标体系

一级指标	二级指标	估计方法
融资活动收入额		时间序列模型
财务费用	带息负债余额负债（J）	测算公式：$C = J \times L$

2.2.3 投资活动的指标体系构建

投资活动现金流入净额是指企业在投资活动中收回的现金，根据现金流量表，投资活动现金流入净额主要受收回投资收到的现金、取得投资收益收到的现金、处置固定资产/无形资产和其他长期资产所收回的现金净额、收到其他与投资活动有关的现金这四个部分的影响，且每一部分变动都受电网企业投资政策的影响。因此，必须采用定性分析和定量测算相结合的方法提高预测的实用性和精准性，投资活动现金流入净额的指标体系如表 2-4 所示。

表 2-4 投资活动现金流入净额的指标体系

一级指标	估计方法
收回投资收到的现金	定性分析 + 定量测算
取得投资收益到的现金	定性分析 + 定量测算
处置固定资产/无形资产和其他长期资产所收回的现金净额	定性分析 + 定量测算
收到其他与投资活动有关的现金	定性分析 + 定量测算

2.2.4 最佳现金持有量的指标体系构建

最佳现金持有量除受到传统的财务会计因素影响外，还受到其他多种非财务因素的影响，其中一些指标难以量化，如对投资者的法律保护程度、对债权人的法律保护程度、执法质量、银企关系等因素。这些指标对现金持有量确实存在影响，但对于一个特定企业来说，在短时间内不易发生变化，不纳入指标体系当中。

1．企业规模

规模大的企业融资能力更强，一般来说，相较于规模小的企业，其融资成本更小，现金持有量与企业的融资成本之间存在显著关系，而且企业规模越大、融资规模越大，也应保证企业发展备用金的充足，因此最佳现金持有量会受企业规模的影响。这里把"资产总额"作为企业规模大小的衡量指标。

2．企业发展阶段

企业在不同的阶段对资金的需求不同，处于发展阶段的企业经营风险大，资金需求旺盛，而成熟阶段的企业自身产生较大的现金流，企业财务风险逐步减小，资金需求较少，而企业对资金的需求大小对最佳现金持有量具有显著影响，因此最佳现金持有量受企业发展速度的影响。对于发展阶段的衡量指标，一般采用"市净率"这一指标，市净率指每股股价与每股净资产的比率，市净率的高低能反映企业的发展潜力，市净率越高，代表市场认为企业的发展性越好。考虑电网企业未上市，本书采用"资产收益率"代替"市净率"指标。

3．财务风险

企业财务风险的高低对最佳现金持有量具有一定的影响，财务风险高的企业具有较大的偿债压力，企业持有的现金能对利息支付压力起到一定的缓冲作用。对于这一影响，本书采用"资产负债率、带息负债余额"作为衡量指标。与其他指标相比，带息负债余额可有效衡量有息负债引起的财务风险，而现金持有量与有息负债所引起的利息压力具有显著关系。

4．债务期限

企业债务期限长短直接影响其财务压力的大小，期限越短，企业面临的还款压力越大，一般来说，企业此时趋向于提高其现金持有量。对于债务期限的衡量采用"短期债务比重、已获利息倍数、流动比率、速动比率"来衡量。

综上所述，最佳现金持有量的指标体系如表 2-5 所示。

表 2-5 　　　　　　　　　　最佳现金持有量的指标体系

影响因素	衡量指标	估计方法
企业规模	资产总额	多元回归分析模型预测
企业发展阶段	资产收益率	
账务风险	资产负债率	
	带息负债余额	
债务期限	短期债务比重	
	已获利息倍数	
	流动比率	
	速动比率	

2.3　投资能力预测实证分析

面临新电力体制改革推进、国资国企改革、央企投资监管强化等外部新形势，企业盈利模式逐步过渡到"准许收入"模式，投资逐步向"控规模、调结构、重效益"方向发展，因此科学合理地评估其投资能力，根据电网企业发展的不同阶段，研究影响投资能力的驱动因素，精准测算短期的投资规模，完善长期的投资规划，成为企业综合管理和投资规划的重要课题。

2.3.1　外部影响因素分析

电网企业投资能力的外部影响主要来自经济环境和政策环境的变化，当前复杂的经济环境和政策环境对电网企业投资能力和方向带来了巨大的不确定性，因此分析电网企业投资面临的外部影响因素，对准确判断电网企业发展所处阶段的投资策略极为重要。

1. 经济环境

经济环境是指构成电网企业生存和发展的社会经济状况，是影响消费者购买能力和支出模式的因素，经济环境可较好地反映地区收入水平及经济水平，可反映消费者支出水平的变化，是电网投资能力的重要影响因素。反映经济环境的指标主要包括国内生产总值（gross domestic product，GDP）、利率、汇率和贷款难度。其中，GDP 通过间接作用影响投资能力中形成利润的收入；利率和汇率间接作用于投资能力中形成利润的成本；贷款难度则影响投资能力中融资的多少。

当前的宏观经济形势较为复杂，如甲省经济转型升级并增速放缓，省内传统行业和高耗能行业用电占比将持续下降，高新技术产业、战略新兴产业和现代服务业用电占比持续上升。近期，甲省政府发布能源"双控"三年实施方案，电力配套投资需求旺盛，普遍服务投入不断加大；但随着供给侧改革、去杠杆政策效应等影响，电量增速放缓，对电网企业的经营收入和投资能力带来了压力。

2．政策环境

政策环境是指外部政策发布和实施对电网企业生存和发展带来的影响，对电网企业生产经营和战略调整具有导向性作用。政策环境可较好地反映国家层面和行业层面对电网发展的支撑力度和改进方向，是电网投资能力重要的影响因素。反映政策环境的指标主要包括税费政策、融资政策、电改政策等。其中，税费政策、融资政策通过间接作用影响投资能力中形成利润的成本；电改政策则通过直接作用影响电网企业投资的能力和方向。

当前，政策环境方面约束较大，如税费改革通过减税减费拉动内需，但降费降价要求电网企业通过让利给用电企业压缩了电网企业的盈利空间。电力行业混合所有制改革快速推进，对电网企业未来融资结构产生了较大的不确定性。输配电价成本监审呈现从严、从紧、从细的趋势，折旧政策更加严格，电网专属性较弱的资产、成本有被核减的风险，给电网企业准许收入核定带来巨大压力。电力市场的建设和运行很可能使市场出清价格低于现行销售侧目录电价，同时，电网上下游结算周期的变化将减少电网企业的现金占用，增加其融资成本和资产负债率。

2.3.2　甲省电力市场阶段设计

综合经济环境和政策环境的发展趋势，电力市场改革不断深入推进，电力市场环境更为复杂，给企业未来投资和融资等方面带来了深刻影响。

在投资方面，未来投资需求受能源行业发展、国家政策引导和国家电网公司战略布局影响，预计投资需求将进一步加大。

在融资方面，虽然目前货币政策较为宽松，融资难度不大，但在随经济回升后货币政策可能转为收紧。2019 年，甲省发布并试运行《省电力市场建设方案》，对后续电网企业的投资能力和方向都会产生巨大的影响。因此，基于当前电改推进形势，设计电力市场化改革阶段，分情景预测投资能力，为企业经营发展和投资策略制定提供参考依据。

根据投资能力预测模型视角下的电力体制改革阶段设计思路，售电侧从高电压等级到低电压等级放开程度将不断推进。考虑不同用户类别，首先从大工业用户直购电开始，然后面向所有普通工业、商业用户，最后面向居民用户。考虑电力供应关系国计民生，因此设定极小部分保底用户始终由电网企业供电，保障民生服务。将电力市场化改革分为三个阶段，具体如表 2-6 所示。

表 2-6　　　　　　　　　　电力市场化改革阶段

主体	第一阶段	第二阶段	第三阶段
电压等级	110kV 以上电压等级用户	10kV 及以上电压等级用户	赋予所有用户参与市场的选择权（除保底用户）
市场核心	大用户直购电	现货市场为核心的初级市场体系	不断完善的市场体系 不断丰富的市场主体
市场化用户	大工业用户放开	大工业、普通工业、商业用户放开	大工业、普通工业、商业、居民用户放开保底用户实行购售电差价
售电主体	电网企业或拥有发电背景的售电公司	独立售电公司进入	多样化的售电主体
交易内容	签订长期的电量合同	向电力交易过渡	多样化的交易品种

1. 第一阶段：110kV 以上电压等级用户放开

在第一阶段，放开 110kV 以上电压等级用户，即以大工业用户直接交易为代表性特征，电量交易以集中竞价的方式展开，但其本质仍然是长期的电量交易市场。售电主体培育基本依赖政府行政命令和撮合，同时，发电企业和电网企业成立的售电主体在资金技术实力及信誉等方面拥有统治性优势。电力市场化第一阶段运营框架如图 2-3 所示。

在图 2-3 所示的电力市场化第一阶段电力市场运营模式中，准入电源是110kV 以上电压等级用户，主要是参与大工业用户直购电的电源；其他电源为保留性电源，继续参加计划发用电，根据调度及发用电计划，对保留性电源发电、售电进行规划。

2. 第二阶段：10kV 及以上电压等级用户放开

在第二阶段，放开 10kV 及以上电压等级用户，主要以大工业、普通工业、商业用户为代表性特征，售电主体培育是释放独立售电主体开展业务的空间，以市场化手段培育市场主体。准入用户扩充到普通工业、商业用户，市场化用户的范围不断扩大，同时用户参与售电市场的意识和能力得到明显提高。在市场竞价的情况下，售电主体有动力提供多样化增值服务，根据用户需求制定个性化服务和套餐。电力市场化第二阶段运营框架如图 2-4 所示。

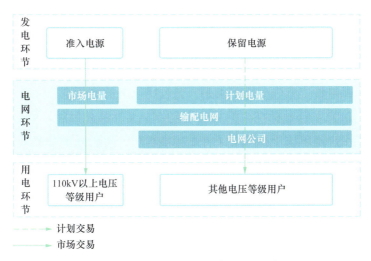

图 2-3　电力市场化第一阶段运营框架

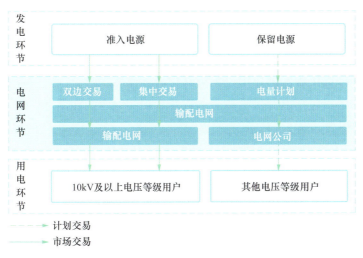

图 2-4　电力市场化第二阶段运营框架

　　在图 2-4 所示的电力市场化第二阶段电力市场运营模式中，准入电源是大工业、普通工业、商业用户的电源;其他电源为保留性电源,继续参加计划发用电,根据调度及发用电计划,对保留性电源发电、售电进行规划。

图 2-4 是在电力市场化过渡期的电力市场运营模式,相对于独立售电企业参与的电力市场模式而言,构建时应具备的前提条件主要包括三个方面。一是核定分电压等级输配电价。理论上,分电压等级输配电价应当依据国家核定的输配电准许总收入,以及按照电压等级归集的资产、成本比重进行逐级分摊。由于目前尚未实现按电压等级归集成本,因此按可接受的合理方法,如各电压等级固定资产原值比例进行分摊,具备条件时再进行修正。二是申报电价交叉补贴并建立通过输配电价的回收机制。现阶段,可按照各类用户现行购售电价差模式下的输配电价,减去分用户类别、分电压等级的输配电价标准,得到各类别的具体电价交叉补贴标准。汇总确定电价交叉补贴总额后,可分阶段推进,初期按各类用户现阶段承担的交叉补贴标准承担,随后逐步对交叉补贴标准进行归并,先实现同一类别、同一电压等级用户承担标准相同,远期实现所有用户承担标准相同。三是明确电力交易机构及电费结算关系。从国际惯例看,电力交易机构通常主要负责电力、电量结算,部分国家电力交易机构也具备一些电费结算职能。根据电网企业目前关于交易机构相对独立有关问题的研究,随着售电侧逐步放开,电费结算权也应有序外放。

3. 第三阶段:赋予所有用户参与市场的选择权(除保底用户外)

在第三阶段,赋予所有用户参与市场的选择权(除保底用户外),放开各电压等级的大工业、普通工业、商业、居民用户为代表性特征,不断完善市场体系、不断丰富市场主体。这一阶段的售电主体包括综合能源公司等多样化主体。考虑电力保障民生服务的作用,剩余极少部分保底用户。服务内容是在完善的售电市场中形成包括能源供给和需求双侧管理的综合能源服务。电力市场化第三阶段运营框架如图 2-5 所示。

在图 2-5 所示的电力市场化第三阶段电力市场运营模式中,准入电源是指大工业、普通工业、商业、居民用户的电源;保底用户为保留性电源,继续参加计划发用电,根据调度及发用电计划,对保留性电源发电、售电进行规划。

图 2-5 是电力市场化改革成熟期的电力市场运营模式,该阶段面临的问题主要包括两类。一是输电与配售分开运营模式下的资产界定。根据国家有序放开增量配电业务的目标及约束条件,对于共用网络环节,应当主要采取混合所

有制方式进行放开。对于专项工程环节，可加大放开力度，探索将原分散建设、专用为主的配电设施进行共享式建设、专业化运维，提升自建、自管配电资产的建设、运行效率与效益。二是社会资本问题。在引入社会资本、推动配电业务投资多元化的同时，保持配电网统一规划，提高运营效率。在用户侧发展配电业务主体提升用户接网、分布式能源消纳等的效率与效益。

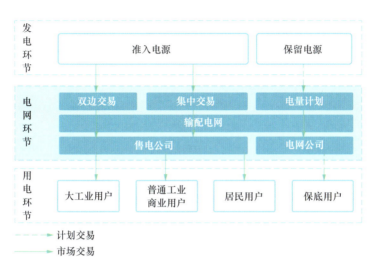

图 2-5　电力市场化第三阶段运营框架

2.4　实例：甲省电网企业投资能力测算

围绕甲省电网企业投资能力指标预测、投资能力规模预测、地市级电网企业投资能力预测三个维度，对甲省电网企业投资能力进行测算，进一步优化甲省电网企业投资能力分析。

2.4.1　甲省电网企业投资能力指标预测

甲省电网企业投资能力预测分为经营活动现金流入净额、融资活动现金流入净额、投资活动现金流入净额和最佳现金持有量增加额四个模块进行。模型指标体系需要结合甲省电网企业的实际情况，对指标进行筛选，剔除模型中的非显著性影响指标，再根据指标特性进行数据预测。

1. 经营活动现金流入净额测算

（1）经营活动现金流入净额影响因素分析。应依据电网企业投资能力预测理论模型及指标体系，结合甲省电网企业的实际情况，采用相关性分析法剔除非显著性影响指标。样本值选取甲省电网企业 2011~2018 年数据，首先对经营活动现金流入净额指标体系中的净利润、折旧费用、流动资产、流动负债、投资净收益、资产减值损失、递延所得税资产、递延所得税负债、长期待摊费用等指标与经营活动现金流入净额做相关性分析。采用皮尔逊相关系数（pearson）进行衡量，设置置信度 90% 的情景，指标间显著相关要求 P 值小于 10%，经营活动现金流入净额的相关性分析结果如表 2-7 所示。

表 2-7 经营活动现金流入净额的相关性分析

指标	皮尔逊相关系数	Sig 值
经营活动现金流入净额	1.000	—
净利润	0.898	0.006
折旧费用	0.984	0.000
流动资产	0.738	0.058
流动负债	0.864	0.013
投资净收益	0.705	0.077
资产减值损失	0.670	0.099
递延所得税资产变动	0.594	0.159
递延所得税负债变动	−0.568	0.183
长期待摊费用	0.240	0.605

通过这一分析，得到甲省电网企业经营活动现金流入净额的一级指标，分别为净利润、折旧费用、流动资产、流动负债、投资净收益、资产减值损失。以上述指标为自变量，经营活动现金流入净额作为因变量进行逐步回归，从而剔除引起多重共线性和不显著的指标。从回归结果看出，流动资产、流动负债、投资净收益、资产减值损失与经营活动现金流入净额之间不存在显著的影响关系。考虑资产负债表调整，流动资产样本数据波动较大，与流动负债共同变化引起的净营运资本变动频繁，没有内生规律性，因此需要剔除；投资净收益总体占比小，对经营活动现金流入净额的贡献率可忽略不计；资产减值损失样本数据波动频繁，且对经营活动现金流入净额的影响程度较小，可排除其影响。因此，通过逐步回归法，剔除流动资产、流动负债、投资净收益、资产减值损失这 4 个不显著的影响指标。逐步回归汇总表如表 2-8 所示。

表 2-8 逐步回归汇总表

模型	系数		检验值	
	回归系数（B）	标准误差	统计量（t）	Sig 值
（常量）	−0.094	1.821	1.027	0.380
净利润	0.181	1.579	3.916	0.017
折旧费用	0.668	0.042	23.820	0.000
流动资产	0.001	0.168	−0.430	0.697
流动负债	−0.039	0.220	1.221	0.309
投资净收益	−0.097	0.150	2.130	0.124
资产减值损失	0.008	1.420	1.893	0.155

在剔除流动资产、流动负债、投资净收益、资产减值损失这 4 个不显著的影响因素后，再对净利润和折旧费用进行多元回归分析，得到多元回归分析表，如表 2-9 所示。

表 2-9 多元回归分析表

模型	系数		检验值	
	回归系数（B）	标准误差	统计量（t）	Sig 值
（常量）	−0.032	0.334	3.425	0.042
净利润	0.368	0.312	4.921	0.004
折旧费用	0.814	0.084	13.717	0.000

模型的 R^2（R^2 表示拟合优度的可决系数，R^2 的值越接近 1，说明回归直线对观测值的拟合程度越好；反之，R^2 的值越小，说明回归直线对观测值的拟合程度越差）达到 99% 以上，DW（durbin-watson，该值是检验统计量，用于评估回归模型是否存在自相关性。DW 值的范围在 0 到 4 之间。如果 DW 小于 2，那么说明存在正自相关性。如果 DW 大于 2，那么说明存在负自相关性。DW 值接近 2 意味着不存在自相关性）值为 1.832 不存在共线性，说明模拟方程能够很好对经营活动现金流入净额进行估计。因此，可得经营活动现金流入净额的回归方程式为：

$$y = -0.032 + 0.368x_1 + 0.814x_2 + \varepsilon_t \qquad (2-8)$$

式中：y 表示经营活动现金流入净额；x_1 表示净利润；x_2 表示折旧费用；ε_t 表示残差。

（2）经营活动现金流入净额影响因素预测。新电改政策推动电力市场化改革，尤其是售电侧逐步放开、结算权外放背景下，势必将影响甲省电网企业的主营业务收入、净利润、现金流量等，必须进一步分解一级指标，并对二级指标进行预测分析，主要考虑电改政策等外部环境对净利润和折旧费用的影响机制。

1）净利润估计。净利润是企业经营活动现金流入净额的主要组成部分，考虑电改政策下企业盈利模式的巨大变化，对净利润的估计采用定性分析和定量测算相结合的方法，将甲省电网企业的业务规划、电改政策与数据分析方法相融合，从而提高模型的实用性和预测精度。净利润的关键影响因素是售电量和购销差价，因此先对指标进行相关性分析，由于指标为连续型变量，因此采用 pearson 相关系数衡量指标间的相关性。净利润和售电量之间的相关系数为0.889，在 1% 的水平上通过显著性检验，说明净利润与售电量之间存在较高且稳定的相关关系。净利润的相关性分析如表 2-10 所示。

表 2-10　　　　　　　　　　净利润的相关性分析

指标	皮尔逊相关系数	Sig 值
净利润	1.000	0.000
售电量	0.889	0.007
购销差价	0.327	0.012

考虑售电侧放开程度的逐步推进，电网企业的售电收入减少，通过收取输配电费增加营业收入，因此根据电力市场化改革的阶段进程，设计净利润变化可能存在三种情景。

情景一：电网企业市场份额占 100%

当售电市场只有电网企业销售电量时，电网企业的净利润获取方式为传统的购售电差价模式，通过选取 2011～2018 年甲省电网企业净利润、售电量、购销差价数据，采用回归分析法，建立其线性回归方程，可以得出净利润与售电量、购销差价的模拟方程式为：

$$y = -6.265 + 1.956x_1 + 0.325x_2 + \varepsilon_t \quad (2-9)$$

式中：y 表示净利润；x_1 表示售电量；x_2 表示购销差价；ε_t 表示残差。净利润回归分析表如表 2-11 所示。

表 2-11　　　　　　　　　　净利润回归分析表

模型	回归系数（B）	标准误差	拟合优度（R^2）	统计量（t）	Sig 值
（常量）	-6.265	0.181		-1.797	0.147
售电量	1.956	0.366	0.897	5.520	0.005
购销差价	0.325	1.579		3.916	0.017

该模型拟合度达到 89% 以上，总体拟合效果较好，DW 值为 2.373，不存在多重共线性。此时，可得出净利润与售电量、购销差价之间的稳定且显著的线性关系。同时，售电量和购销差价主要反映了电网企业的业务规划和政府价格监管，能较好地反映这一阶段的电力市场交易情况。

情景二：售电市场有序放开

随着电改政策推进，售电市场逐步放开，电网企业的市场份额逐步减少，原先的"购售电差价"模式变成"保底售电收入 + 输配电价收入"模式。根据售电侧放开程度的大小，分为两个阶段。

第一阶段：110kV 以上电压等级用户放开。

110kV 以上电压等级用户放开后，甲省电网企业的净利润主要受两个因素影响：一是 110kV 以上电压等级用户的输配电量和输配电价；二是其他电压等级用户的售电量和购售电差价。

根据 2011～2018 年电力销售明细表数据，假设输配电量 S_1，输配电价 P_1，售电量 S_2，购售电差价 P_2，可以得到利润的回归方程式为：

$$Y = \alpha + \beta_1 S_{1t} + \beta_2 P_{1t} + \beta_3 S_{2t} + \beta_4 P_{2t} + \varepsilon_t \tag{2-10}$$

式中：Y 表示净利润；α 表示该回归方程的回归系数；β_1、β_2 分别表示 110kV 以上电压等级用户的输配电量、输配电价；S_{1t} 表示大工业、普通工业和商业居民用户的输配电量；P_{1t} 表示大工业、普通工业和商业居民用户的输配电价；S_{2t} 表示其他用户（保底用户）的售电量；P_{2t} 表示其他用户（保底用户）的购售电差价；β_3、β_4 分别表示其他电压等级用户的售电量、购售电差价对净利润的影响程度；ε_t 表示残差。

第二阶段：10kV 及以上电压等级用户放开。

10kV 及以上电压等级用户放开后，甲省电网企业的净利润主要受到两个因素影响：一是 10kV 及以上电压等级用户的输配电量和输配电价；二是其他电压等级用户的售电量和购售电差价。

根据 2011～2018 年电力销售明细表数据，假设输配电量 S_1，输配电价 P_1，售电量 S_2，购售电差价 P_2，可以得到利润的回归方程式为：

$$Y = \alpha + \beta_1 S_{1t} + \beta_2 P_{1t} + \beta_3 S_{2t} + \beta_4 P_{2t} + \varepsilon_t \tag{2-11}$$

式中：Y 表示净利润；α 表示该回归方程的回归系数；β_1、β_2 分别表示 10kV 及以上电压等级用户的输配电量、输配电价；S_{1t} 表示大工业、普通工业和商业居民用户的输配电量；P_{1t} 表示大工业、普通工业和商业居民用户的输配电价；β_3、β_4 分别表示其他电压等级用户的售电量、购售电差价对净利润的影响程度；S_{2t} 表示其他用户（保底用户）的售电量；P_{2t} 表示其他用户（保底用户）的购售电差价；ε_t 表示残差。

情景三：售电市场有序竞争阶段

电改成熟期：所有用户放开（保底用户除外）

居民用户放开后，甲省电网企业的净利润主要受到两个因素影响：一是大工业、普通工业和商业、居民用户的输配电量和输配电价；二是保底用户（除大工业、普通工业和商业、居民用户外）的售电量和购售电差价。

根据 2011～2018 年电力销售明细表数据，假设输配电量 S_1，输配电价 P_1，售电量 S_2，购售电差价 P_2，可以得到利润的回归方程式为：

$$Y = \alpha + \beta_1 S_{1t} + \beta_2 P_{1t} + \beta_3 S_{2t} + \beta_4 P_{2t} + \varepsilon_t \tag{2-12}$$

式中：Y 表示净利润；α 表示该回归方程的回归系数；β_1、β_2 分别表示大工业、普通工业和商业、居民用户的输配电量、输配电价；S_{1t} 表示大工业、普通工业和商业居民用户的输配电量；P_{1t} 表示大工业、普通工业和商业居民用户的输配电价；β_3、β_4 分别表示其他用户（保底用户）的售电量、购售电差价对净利润的影响程度；S_{2t} 表示其他用户（保底用户）的售电量；P_{2t} 表示其他用户（保底用户）的购售电差价；ε_t 表示残差。

进入后电改时期，甲省电网企业的净利润主要受到输配电价核定和输配电量的影响，保底用户的购售电差价模式基本可忽略；同时，电网企业作为综合能源服务企业，开拓新业务、提供增值服务等将是未来电网企业营收的新增长点。因此，在电改成熟期，假设输配电量 S，输配电价 P；新业务收入 F，可以得到利润的回归方程式为：

$$Y = \alpha + \beta_1 S_t + \beta_2 P_t + \beta_3 F_t + \varepsilon_t \tag{2-13}$$

式中：Y 表示净利润；α 表示该回归方程的回归系数；β_1、β_2、β_3 分别表示输配电量、输配电价、新业务收入对净利润的影响程度；S_t 表示输配电量；P_t 表示输配电价；F_t 表示新业务收入；ε_t 表示残差。

2）折旧费用估计：甲省电网企业的折旧费用主要由三部分组成：一是固定资产原值计提折旧费用；二是新增固定资产计提折旧费用；三是接受用户资产计提折旧费用。具体计算公式如下：折旧费用 = 计提折旧固定资产原值 × 综合折旧率 + 当年固定资产投资计划 × 转固率（一般可按 50%）× 平均转固时间（按半年计算，即 6/12）× 折旧率 + 当年接收用户资产 × 平均转固时间（按半年计算，即 6/12）× 折旧率。

折旧费用主要与固定资产原值、固定资产投资计划、接受用户资产、折旧率、转固时间等因素有关，且各类影响因素均与电网发展规划、企业发展战略有关，在一定时期内具有稳定性。因此，折旧费用估计可采用时间序列分析方法，首先进行单位根检验，然后通过自相关和偏相关图确定模型结果，最后构建趋势模型。折旧费用的 ARMA 分析模拟结果如表 2-12 所示。

表 2-12   折旧费用的 ARMA 分析

变量	系数	拟合优度（R^2）	P 值
C	2.441	0.906	0.000
MA（1）	0.896		0.001

从表 2-12 中可以看到，解释变量通过 99% 的显著性水平检验，且模型的拟合程度达到 90% 以上，通过该模型可对折旧费用进行预测。公式为：

$$X_t = 2.441 + 0.896X_{t-1} + \varepsilon_t \qquad (2-14)$$

式中：X_t 表示折旧费用；X_{t-1} 表示前一期折旧费用；ε_t 表示残差。

这里选取 2012～2018 年样本数据，假设 2019～2020 年甲省电网企业的经营模式未有明显变动，通过 ARMA 模型可对折旧费用进行预测。

（3）经营活动现金流入净额预测。通过上述分析，得到甲省电网企业经营活动现金流入净额的一级指标为净利润和折旧费用。通过进一步分解一级指标，得到经营活动现金流入净额的二级指标，分别为售电量、购售电差价、输配电量、输配电价、固定资产原值、固定资产投资计划、接受用户资产、折旧率、转固时间。

2. 融资活动现金流入净额测算

（1）融资活动收入额预测。融资活动收入额是电网企业重要的投资来源，考虑电网企业整体效益较好，受外部融资市场变化的影响较小，融资收入额大小与电网建设密切相关，因此使用时间序列的逐步递推法进行融资活动收入额的短期预测。

选取甲省电网企业融资活动收入额数据，采用逐步递推法，建立其线性回归方程，具体模拟方程式为：

$$y = \frac{\alpha_{t-1} + \alpha_{t-2}}{2} y_{t-1} \qquad (2-15)$$

式中：y 表示融资活动收入额；α_{t-1} 和 α_{t-2} 表示 t-1 期和 t-2 期融资活动收入额增长率；y_{t-1} 表示 t-1 期融资活动收入额。

目前，国家电网有限公司总部推行统一融资，统一运作，因此电网企业短期融资环境整体较为稳定，融资收入基本与电网发展投入相一致。

（2）财务费用预测：财务费用主要受带息负债余额、平均利息率等因素的影响，估计的测算方法可引用公式（2-7）进行计算。其中，平均利息率可根据甲省电网企业的自身状况取经验数据；带息负债余额是企业融资政策发生变化时，采用定性分析方法对其进行估计。若甲省电网企业的经营计划和融资政策未发生显著变化时，带息负债余额具有内生稳定性，可通过时间序列分析，构建 ARMA 模型对带息负债余额进行预测。

构建带息负债余额的 ARMA 模型过程如下：先检测带息负债余额的时间序列是否为平稳序列，这是构建 ARMA 模型的前提条件。检测方法有多种，包括观察带息负债余额的趋势图、自相关分析、单位根检验等。本书采用单位根检验的方法，其可验证序列的平稳性和可逆性，检验结果如带息负债余额单位根检验表（表 2-13）所示。

表 2-13　　　　　　　　　带息负债余额单位根检验表

检验模型	统计量（t）	P 值
LLC 检验	−5.11391	0.0000
IPS 检验	−1.90906	0.0281
Fisher 式检验	7.94623	0.0188
PP-Fisher 检验	9.00057	0.0111

从表 2-13 可以看到，在置信度 95% 的情况下，带息负债余额序列为平稳序列，因此可对其构建 ARMA 模型、模型识别和定阶的方法有多种，依据自相关和偏自相关函数定阶，因此绘制自相关和偏自相关函数图，如图 2-6 所示。

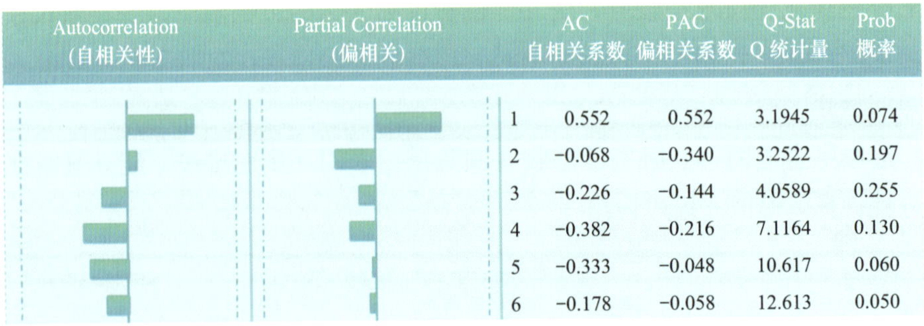

Autocorrelation（自相关性）	Partial Correlation（偏相关）		AC 自相关系数	PAC 偏相关系数	Q-Stat Q 统计量	Prob 概率
		1	0.552	0.552	3.1945	0.074
		2	−0.068	−0.340	3.2522	0.197
		3	−0.226	−0.144	4.0589	0.255
		4	−0.382	−0.216	7.1164	0.130
		5	−0.333	−0.048	10.617	0.060
		6	−0.178	−0.058	12.613	0.050

图 2-6　自相关和偏自相关函数图

经过多次定阶，从其中选择最优模型 AR（1），其结果如表 2-14 所示。

表 2-14　　　　　　　　　　带息负债余额 ARMA 分析表

变量	系数	拟合优度（R^2）	P 值
C	2.956	0.904	0.000
AR（1）	0.578		0.004

从表 2-14 中可以看到，模拟方程的拟合度超过 90%，解释变量通过 1% 的显著性水平检验，DW 值为 2.04，表明方程有效。模拟方程式为：

$$J_t = 2.956 + 0.578J_{t-1} + \varepsilon_t \tag{2-16}$$

式中：J_t 表示带息负债余额，通过模拟方程对带息负债余额进行预测；J_{t-1} 前一期带息负债余额；ε_t 表示残差。

目前，国家电网有限公司总部推行统一融资，统一运作，借款利率水平按同期基准利率执行，加上电网企业严控资产负债率上限，因此预计甲省电网企业 2019~2020 年带息负债余额和财务费用总体表现为大稳小动。

（3）首个监管周期预测。假设首个监管周期甲省电网企业生产经营策略未有重大调整，通过分别预测各个构成部分的数据，再加总得到融资活动现金流入净额的预测值。融资活动的现金流入净额主要取决于融资收入和融资成本，融资成本主要考虑可量化的利息化财务费用。因此基于上述预测的融资活动收入额和财务费用，根据融资活动现金流入净额的计算公式：融资活动现金流入净额 = 融资活动收入额 - 财务费用，再进行加总测算。

考虑目前国家电网有限公司总部推行统一融资、统一运作，借款利率水平按同期基准利率执行，融资政策的稳定预计融资活动现金流入净额在近几年与电网建设需求保持一致。

3. 投资活动现金流入净额测算

（1）历年投资活动现金流入净额测算：考虑电网企业的主业是电网建设和电力供应，因此电网企业的投资活动有限，投资活动所产生的现金流入净额较少、波动较大且缺乏规律性，不能成为电网投资的主要资金来源。因此，在分析甲省电网企业现金流量表的基础上，分解投资活动现金流入净额的主要构成，分别预测各个构成部分的变化趋势，再通过投资活动现金流入净额的计算公式，进行加总测算。

投资活动现金流入净额的计算公式：投资活动现金流入净额 = 收回投资所收到的现金（不包括长期债权投资回收的利息）+ 取得投资收益收到的现金 + 处

置固定资产、无形资产和其他长期资产收到的现金＋收到其他与投资活动有关的现金。

（2）首个监管周期预测。根据计算得到的投资活动现金流入净额的历史数据，分析投资活动现金流入净额的各个构成部分发现，收回投资所收到的现金，取得投资收益收到的现金，处置固定资产、无形资产和其他长期资产收到的现金，收到其他与投资活动有关的现金，这四个构成部分的数据本身缺乏内生规律性，使投资活动产生的现金流入净额表现出随机性和不规则性，无法通过数据挖掘规律进行定量预测。因此，采用定性分析法，假设首个监管周期甲省电网企业生产经营策略未有重大调整，采用逐期加权平均法抚平数据的无规律波动性，预测投资活动现金流入净额的趋势值，作为预测模拟值。

4. 现金持有量规模测算

现金持有量影响因素分析：采用因素分析法对现金持有量进行分析，涉及的影响因素包括企业规模、企业发展阶段、资产负债情况、财务风险、债务期限等主要影响因素。对其影响因素分别采用资产总额、净资产收益率、资产负债率、带息负债比率、短期债务比重、已获利息倍数、流动比率、速动比率等指标，进行现金持有量相关性分析，如表 2-15 所示，筛选出影响现金持有量的核心指标，对现金持有量进行有效解释。

表 2-15   现金持有量相关性分析

指标	皮尔逊相关系数	Sig 值
资产总额	−0.744	0.055
净资产收益率	0.833	0.020
资产负债率	0.617	0.057
带息负债比率	0.444	0.012
短期债务比重	0.248	0.592
已获利息倍数	0.378	0.403
流动比率	0.570	0.090
速动比率	0.594	0.016

从表 2-15 中可以看到，资产总额、净资产收益率、资产负债率、带息负债比率、流动比率、速动比率与现金持有量具有较强的相关性，且通过 10% 的显著性检验；而短期债务比重和已获利息倍数与现金持有量的相关性较弱且通不过显著性检验，剔除该项指标。

在剔除短期债务比重、已获利息倍数这两个指标后，对其余指标进行逐步回归，从而剔除引起多重共线性和不显著的指标。从回归结果可看出，在 10% 的显著性水平下，资产总额、净资产收益率、资产负债率、速动比率通过检验；而带息负债比率、流动比率加入模型会引起多重共线性，选择剔除。因此，通过逐步回归法，剔除带息负债比率、流动比率这两个不显著的影响指标，结果如表 2-16 所示。

表 2-16 逐步回归汇总表

模型	系数		检验值	
	回归系数（B）	标准误差	统计量（t）	Sig 值（单侧）
（常量）	0.612	0.184	0.085	0.936
资产总额	−1.336	0.567	−2.358	0.065
净资产收益率	0.709	0.265	2.673	0.044
资产负债率	0.303	0.039	2.104	0.091
带息负债比率	0.125	0.284	0.440	0.679
流动比率	0.077	0.352	0.860	0.429
速动比率	0.092	0.042	2.168	0.082

在剔除带息负债比率、流动比率这两个不显著的影响因素后，再对资产总额、净资产收益率、资产负债率、速动比率进行多元回归分析，得到如表 2-17 所示的结果。

表 2-17 多元回归分析表

模型	系数		检验值	
	回归系数（B）	标准误差	统计量（t）	Sig 值
（常量）	−0.129	0.540	−3.318	0.021
资产总额	0.281	1.190	6.031	0.002
净资产收益率	−0.105	0.541	−15.233	0.000
资产负债率	0.364	0.435	5.579	0.009
速动比率	−0.065	0.071	−2.537	0.072

模型的 R^2 达到 87% 以上，DW 值为 1.772，不存在共线性，说明模拟方程能够较好地对现金持有量进行估计。因此，可得现金持有量的回归方程式为：

$$y = -0.129 + 0.281x_1 - 0.105x_2 + 0.364x_3 - 0.065x_4 + \varepsilon_t \qquad (2\text{-}17)$$

式中：y 表示现金持有量；x_1 表示资产总额；x_2 表示净资产收益率；x_3 表示资产负债率；x_4 表示速动比率；ε_t 表示残差。

（1）现金持有量影响因素预测。通过上述分析，得到影响现金持有量的核心指标为资产总额、净资产收益率、资产负债率、速动比率。根据资产总额、净资产收益率、资产负债率、速动比率这 4 个指标特性，分别预测指标数据走势，再通过方程，预测现金持有量的变化趋势。

（2）资产总额预测。在定性分析的基础上，采用加权平均法，对资产总额进行趋势外推。假设首个监管周期甲省电网企业的生产经营策略未发生重大调整，根据经验判断，对资产总额的增速进行参数设置，前 1 期影响因子设定为 50%，前 2 期影响因子设定为 30%，前 3 期影响因子设定为 10%，得到递推公式为：

$$Z_t = 0.5Z_{t-1} + 0.3Z_{t-2} + 0.2Z_{t-3} \qquad (2\text{-}18)$$

式中：Z_t 表示当期资产总额增速；Z_{t-1} 表示前 1 期资产总额增速；Z_{t-2} 表示前 2 期资产总额增速；Z_{t-3} 表示前 3 期资产总额增速。

（3）净资产收益率预测。采用逐级加权平均法，预测净资产收益率的变化趋势，具体计算公式为：

$$J_t = \frac{J_{t-1} + J_{t-2} + J_{t-3} + J_{t-4} + J_{t-5} + J_{t-6}}{6} \qquad (2\text{-}19)$$

式中：J_t 表示当期净资产收益率；J_{t-1}、J_{t-2}、J_{t-3}、J_{t-4}、J_{t-5}、J_{t-6} 分别表示前 6 期净资产收益率。

（4）速动比率预测。速动比率是指企业速动资产与流动负债的比率，速动资产是企业的流动资产减去存货和预付费用后的余额，主要包括现金、短期投资、应收票据、应收账款等项目。它是衡量企业流动资产中可立即变现用于偿还流动负债的能力。传统经验认为，速动比率维持在 1:1 较为正常，它表明企业的每 1 元流动负债就有 1 元易于变现的流动资产来抵偿，短期偿债能力有可靠的保证。速动比率过低，企业的短期偿债风险较大，速动比率过高，企业在速动资产上占用资金过多，会增加企业投资的机会成本。在实际工作中，评判标准并不是绝对的，应考虑企业的行业性质。鉴于电网企业主要进行电力供应，为保障民生服务，主要收入来源是电费，且电费回收率高，有稳定的现金流入，因此速动比率保持在一个较低水平，也是合理的。

因此，在首个监管周期，预计甲省电网企业的速动比率延续低水平的走势。

采用逐级加权平均法，预测速动比率的变化趋势，具体计算公式为：

$$S_t = \frac{S_{t-1} + S_{t-2} + S_{t-3} + S_{t-4}}{4} \tag{2-20}$$

式中：S_t 表示当期速动比率；S_{t-1}、S_{t-2}、S_{t-3}、S_{t-4} 分别表示前 4 期净资产收益率速动比率。

通过上述分析，可得甲省电网企业现金持有量的影响因素指标，分别为资产总额、净资产收益率、资产负债率、速动比率。结合定性分析和定量预测，分别预测资产总额、净资产收益率、资产负债率、速动比率的变化趋势。

2.4.2　甲省电网企业投资能力规模预测

1. 电改初期

结合电力市场化改革阶段设计，假设在电改初期，甲省电网企业延续原有的经营模式（购售电差价模式）。首先对经营活动现金流入净额、融资活动现金流入净额、投资活动现金流入净额、现金持有量规模四个模块进行预测。然后，根据计算公式为：投资能力规模 = 经营活动现金流入净额 + 融资活动现金流入净额 + 投资活动现金流入净额 + 现金持有量规模，可以得出甲省电网企业相应年份的投资能力规模预测结果。

同时，考虑电改深入推进下监管强化、经济环境下行压力仍存、市场不确定性增大等因素，对未来电网企业投资能力将有不同程度的影响，因此本次对电网企业投资能力测算，一方面基于财务报表和业务数据进行测算，另一方面将从重点突出财务视角的利润还原、折旧率下降、融资成本上升等角度进行测算，以满足不同视角下电网企业投资能力测算需求。

2. 电改过渡期

结合电力市场化改革阶段设计，在电改过渡期，根据电压等级和用户放开程度的大小，分不同情景进行投资能力规模的预测。电改过渡期售电侧有序放开对电网企业盈利模式的影响最为明显，直接影响电网企业投资的自有资金；同时，电力市场化交易、交易中心相对独立、增量配网投资有序放开等不确定因素也在一定程度上影响电网企业的投资行为。基于控制变量法，突出核心控制变量，选择售电侧用户放开程度这一主要影响因素，测算电改过渡期下电网企业的投资能力规模。

根据电改过渡期用户侧电压等级有序放开的程度，测算购销差价模式和输配电价模式并存情况下甲省电网企业的售电收入，通过比较分析售电收入的冗余与缺口，来预估经营活动带来的投资能力的变化。甲省电网企业的售电收入测算过程如下：

第一步，明确用户侧电压等级有序放开的程度。即先放开110kV以上电压等级用户，然后放开10kV及以上电压等级用户，最后放开所有电压等级（保底用户除外）。

第二步，预测分电压等级的售电量。基于前面售电量预测值，再结合各电压等级售电量结构比例较为稳定，将总售电量按比例分摊到各电压等级上，形成分电压等级的售电量数据。

第三步，计算各类用户分电压等级比重。考虑不同用户购销差价和输配电价存在差异，因此必须进行各类用户分电压等级比重的计算，以便更精确地计算各类用户分电压等级的售电量和售电净收入。

第四步，测算两种模式下的售电净收入。基于购销差价模式和输配电价模式，测算分电压等级不同用户的售电净收入，比较分析两种模式对企业投资能力的影响。

根据分情景测算结果可知：

（1）仅仅放开110kV以上电压等级用户，甲省电网企业的经营活动现金流入净额将会减少，导致投资能力有所下降。

（2）10kV及以上电压等级用户放开后，甲省电网企业的输配电收入少于购售电差额收入，甲省电网企业的经营活动现金流入净额将会大幅减少，导致投资能力显著下降。

3．电改成熟期

10kV以下电压等级用户放开后，除极少部分保底用户外，放开大工业、普通工业、商业和居民用户，甲省电网企业的经营活动现金流入净额将会下降，不利于增加投资规模。

电改成熟期，售电侧绝大部分用户进行市场化交易，极少部分保底用户仍然由电网企业供电，是成熟电力市场的重要表现。后电改时期，甲省电网企业的投资能力预测依然以经营活动现金流入净额、融资活动现金流入净额、投资活动现金流入净额、现金持有量规模这四部分为主。其中，电网企业主要负责监管类业务，收取输配电费、提供增值服务收费，这也是电网企业营业收入的主要来源，因此经营活动现金流入净额将处于小幅波动下行态势；同时，新业务市场的开拓，融资、投资活动现金流入净额预计会有一个稳定增长的趋势；而随着电力市场化改革推进，电网企业作为综合能源服务企业，全方位参与电力市场竞争性业务，势必也会增加市场风险，因此现金持有量规模会在风险评估后有一定程度的上升。

2.4.3 甲省电网地市级企业投资能力测算

考虑地市级企业不能单纯作为一个营收支付独立个体进行投资行为，因此根据地市级企业的实际情况和数据可获得性，简化投资能力测算模型。因为地市级企业的经营活动现金流入净额主要取决于净利润和折旧费用，所以经营活动现金流入净额可依据净利润和折旧费用进行预测。而融资活动现金流入净额和投资活动现金流入净额则更多的是省级企业层面的投资决策，因此综合考虑省公司的投资能力规模和地区电力投资结构，按比例分配。最佳现金持有量则在省级企业防范风险的基础上，根据各个地市级企业的发展需求进行评估。同时，地区电力投资与区域经济发展需求密切相关，因此增加区域电力经济发展调节因子，进一步优化地市级企业的投资能力测算。

1. 地市级企业经营活动现金流入净额测算

根据省级企业经营活动现金流入净额测算方法，经营活动现金流入净额主要取决于净利润和折旧费用两个因素的变化。其中，净利润主要受售电量和购售电差价的影响，折旧费用由三部分组成，分别为固定资产原值计提折旧费用、新增固定资产计提折旧费用、接受用户资产计提折旧费用，考虑地市级企业没有接受用户资产计提折旧费用，因此只考虑固定资产原值计提折旧费用和新增固定资产计提折旧费用，主要受固定资产原值、固定资产投资计划、折旧率、转固率、转固时间等因素影响。

（1）净利润预测。净利润主要受售电量和购售电差价影响，由于全省电价由物价局统一定价，因此地市级企业的净利润预测主要取决于售电量的变化，剔除异常年份数据，采用趋势递推法预测年度售电量增长率，然后选取 9 个地市级企业售电量，进而根据模拟回归模型进行预测，公式为：

$$y = -5.328 + 2.036x_1 + 0.339x_2 + \varepsilon_t \qquad (2\text{-}21)$$

式中：y 表示净利润；x_1 表示售电量；x_2 表示购销差价；ε_t 表示残差。

使用式（2-21）预测 9 个地市级电网企业的净利润。

（2）折旧费用预测。地市级企业的折旧费用主要考虑固定资产原值计提折旧费用和新增固定资产计提折旧费用，主要受固定资产原值、固定资产投资计划、折旧率、转固率、转固时间等因素影响。根据甲省电网 9 个地市级企业折旧费用规模，分析折旧费用的变化情况，采用趋势外推法预测年度折旧费用增长率。

（3）经营活动现金流入净额预测。结合上述净利润和折旧费用预测值，采用经营活动现金流入净额预测，公式为：

$$y = -0.042 + 0.404x_1 + 0.629x_2 + \varepsilon_t \tag{2-22}$$

式中：y 表示经营活动现金流入净额；x_1 表示净利润；x_2 表示折旧费用；ε_t 表示残差。

假设在甲省电网企业经营模式未有重大变动的情况下，通过对二级指标的预测结果，代入一级指标回归模型，最终可得到甲省电网 9 个地市级企业经营活动现金流入净额的预测值。

2. 地市级电网企业融资和投资活动现金流入净额测算

鉴于地市级电网企业电网基建投资总体稳定，考虑省公司投资能力预测模型部分指标难以在地市级电网企业获取，因此基于近年 9 个地市级电网企业电网发展投入比重、甲省电网企业融资活动现金流入净额和投资活动现金流入净额的预测值，可计算得到甲省电网 9 个地市级电网企业的融资活动现金流入净额和投资活动现金流入净额。

3. 地市级企业最佳现金持有量测算

地市级企业最佳现金持有量取决于省级企业的战略部署和风险防控，且考虑地市级电网发展投入主要用于电网基建，具有明显的社会效益，是保障民生需求和促进经济发展的基础，总体风险较小。因此，以近几年甲省电网 9 个地市级企业的现金持有量为样本数据，计算其算术平均数作为 9 个地市级企业的最佳现金持有量预测。

4. 地市级企业投资能力预测

甲省电网企业对 9 个地市进行投资，主要是为了满足区域电力发展需求，促进区域经济发展，因此区域需求增长与区域经济发展是衡量地市电网发展投入投资能力的重要考量因素。在综合分析各地市级企业投资数据的基础上，采用趋势外推法预测，将甲省电网 9 个地市的 GDP 增长速度作为地市级电网发展投资能力预测的调整系数，从而平衡地区经济发展水平对电网投资需求的影响。

3 电网投资计划分配

本章的研究重点主要分为三个方面:一是分析新电改机制下纳入综合计划范围的准入标准,包括电力体制改革、国资国企改革、央企投资监管等外部政策环境的变化,企业新战略体系、业务发展新布局、运营管理新理念等企业管理新要求。二是在分析历年综合计划现状基础上,设计综合计划分配指标体系,构建综合计划分配模型,进行甲省电网企业典型年度综合计划分配实证分析。三是梳理项目实施时序影响因素,建立项目实施时序决策指标体系,构建项目实施时序模型,进行电网建设项目实施时序的案例分析。电网发展投入项目执行反馈机制研究思路如图 3-1 所示。

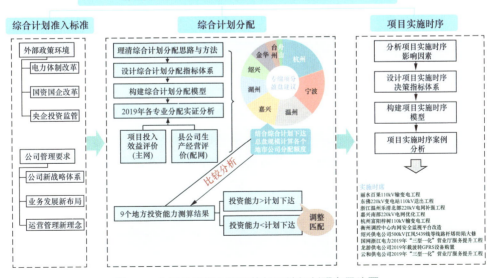

图 3-1　电网发展投入项目执行反馈机制研究思路图

3.1 纳入综合计划范围的准入标准

纳入综合计划范围的准入标准分为外部政策影响下的准入标准和企业管理新要求下的准入标准两大类。

3.1.1 外部政策影响下的准入标准

1. 电力体制改革

电力体制改革强化电价监管、加剧市场竞争，对综合计划准入范围的影响主要体现在两个方面。一是电价监管要求强化有效资产核定、成本监审，对综合计划的资本性投资和成本性支出的侧重点有所不同，要求准入综合计划范围的资本性投资，尽可能纳入有效资产核定范围，准入综合计划范围的成本性支出要符合成本监审的范围和要求。二是电力体制改革活跃市场主体的同时，加剧市场竞争，要求准入综合计划范围的投资项目具有一定的经济效益、技术效益、环保效益及社会效益，以增强电网项目投资的综合效益产出。

2. 国资国企改革

国资国企改革强化电网企业业务差异化管控、做强、做优、做大国有资本，对综合计划准入范围的影响主要体现在两个方面。一是明确业务分类、定位和发展侧重点，对监管类项目严格按照监管标准纳入综合计划，对竞争类项目要综合考虑经济效益和社会效益，择优录取纳入综合计划范围。二是在做强、做优、做大国有资本的要求下，必须考量项目的投入产出效益，对纳入综合计划的项目要全面考虑其综合效益，优先选择能做强、做优、做大的国有资本项目进行投资。

3. 央企投资监管

央企投资监管要求企业注重投资过程的合规性，在监管的同时赋予企业更多投资自主权。因此，对于纳入综合计划范围的项目，必须符合项目可研经济性和财务合规性评审，重视项目的合规合理投资。除去特别监管类项目，其余项目的投资更加注重项目投资效益和企业发展规划。

3.1.2 企业管理新要求下的准入标准

1. 企业新战略体系

企业新战略体系对综合计划准入标准的落实措施为：牢牢把握高质量发展

根本要求，充分发挥综合计划强化集团管控、统筹资源配置的核心作用，强化质量变革、效率变革、动力变革，从管理机制、工作流程、投资策略和管控能力等方面，着力推进电网和企业高质量发展。在综合计划方面，要围绕企业发展新战略，促进企业各项业务和管理转型升级。

2．业务发展新布局

企业业务发展新布局对综合计划准入标准的落实措施为：聚集企业优势资源，持续加大电网投入，大力推动电网发展。同时，积极探索企业新的利润增长点，加大培育企业新业态、新模式、新动能，提升三大业务板块对电网主业的支撑作用。在综合计划方面，要求企业根据所属企业的功能定位，实施差异化的规划计划投资和管控模式，分类施策、区别管理，激发各单位的积极性和创造力，提高对多元化业务的适应性。

3．运营管理新理念

企业运营管理新理念对综合计划准入标准的落实措施为：深化精益管理理念，健全数据资产管理体系，借助大数据分析和人工智能技术手段，构建基于量化分析的精益管理体系，挖掘内部资源潜力，提高经营运作效率。在综合计划方面，要建立综合计划精益管控平台，提升综合计划管理量化分析能力，建立历史样本分析反馈机制，提高综合计划投资精准化水平。

3.2　综合计划分配模型构建

3.2.1　综合计划分配模型测算思路

综合计划总控目标分配是将各专业投资资金分配到地市级电网企业，对于历年分配较为稳定且有可量化影响因素的规律性专业，如电网基建、资产零购、生产技改、生产大修、营销投入和教育培训，挖掘出其稳定的影响因子进行指标量化，构建模型进行分配测算；对于历年分配波动较大且影响因素难以量化的专业，如小型基建、生产辅助技改、生产辅助大修、信息化投入和研究开发，在建模分配过程中，进一步突出企业综合计划管理并对专业储备库因素进行调整优化。

综合计划分配方案的步骤主要由四部分组成。

（1）建立各类专业分配的指标体系。通过偏相关分析法、聚类分析法、逐步剔除法等方法进行指标筛选，建立各类专业分配的指标体系。

（2）计算指标权重。通过主成分分析法，分析影响各类专业的主成分，再采用因子分析法，构建成分矩阵，计算各个指标的权重。

（3）运用综合评价法计算各个地市级电网企业的分配权重。首先，采用初值法、倒数法、加权平均法，归一化原始数据以消除量纲，然后，对各级指标进行逐级加权计算总得分，并转化为分配权重。

（4）调整优化分配策略。结合企业投资能力规模、项目投入产出效益、企业生产经营情况、投资能力约束、民生服务（兜底保障）、预算资金宽裕度等管理因素，调整优化综合计划分配结果。

3.2.2　甲省电网企业典型年份各类专业分配实证

1. 主网项目

（1）指标权重计算。通过主成分分析法，得到影响主网项目的主要因素有5个，分别是电网资产、电网质量、企业经营、区域发展和规划计划。再通过因子分析法，计算得到主网项目的指标权重如表 3-1 所示。

表 3-1　　　　　　　　　　主网项目的指标权重

一级指标	权重	二级指标	权重	三级指标	权重
电网资产	0.0579	资产规模	0.0579	主网资产原值	0.0579
电网质量	0.0875	供电能力	0.0875	主变压器重载比例	0.0398
				线路重载比例	0.0477
公司经营	0.1417	经营业绩	0.1417	售电量	0.1082
				综合线损率	0.0335
区域发展	0.2405	电力需求	0.1666	全社会最大负荷增长率	0.0502
				售电量增长率	0.1164
		地方经济	0.0277	人均 GDP 增长率	0.0277
		区域特征	0.0462	地形系数	0.0462
规划计划	0.4724	规划实施	0.2882	"十三五"规划投资	0.0724
				未实施规模投资	0.1083
				下年储备项目投资	0.1075
		计划执行	0.1842	入账成本完成率	0.1072
				历史占比	0.0770

（2）地市级电网企业分配比例计算。根据表 3-1 的指标权重，采用归一化方法处理原始数据，计算得到主网项目在 9 个地市级电网企业的分配比例，

如表 3-2 所示。

表 3-2　　　　　　　　　主网项目在 9 个地市级电网企业的分配比例

地区	电网资产得分	电网质量得分	企业经营得分	区域发展得分	规划计划得分	总得分	占比（%）
A 市	15.48	23.40	37.89	64.31	126.32	267	24.31
B 市	13.67	20.66	33.47	56.80	111.57	236	21.47
C 市	6.23	9.41	15.24	25.87	50.82	108	9.78
D 市	5.24	7.92	12.83	21.77	42.77	91	8.23
E 市	2.83	4.28	6.94	11.77	23.12	49	4.45
F 市	3.50	5.29	8.57	14.55	28.58	61	5.50
G 市	5.80	8.77	14.20	24.10	47.34	100	9.11
H 市	4.79	7.24	11.72	19.89	39.08	83	7.52
I 市	2.17	3.28	5.32	9.02	17.72	38	3.41

（3）约束条件分析（项目投入效益约束）。结合投入效益评价分析，将项目投入效益作为调整系数，进一步优化模型分配结果。首先，将相关年份 9 个地市级电网企业的电网基建项目投入效益评价分析结果按年份先后设置影响程度系数，计算 9 个地地市级电网企业项目投入效益的综合得分均值为 87.52。其次，通过每个地市综合得分与综合得分均值的差异大小作为综合效益系数。最后，引入电网基建项目投入效益综合效益调整系数，作为综合计划分配的优化机制，进一步调整主网项目在 9 个地市的分配，具体结果如表 3-3 所示。

表 3-3　　　　　　　　　　主网项目分配优化

地区	模型分配占比（%）	项目投入效益综合效益调整系数	优化分配占比（%）	占比变化（%）
A 市	24.31	1.0605	25.18	0.87
B 市	21.47	1.0451	21.91	0.44
C 市	9.78	1.0169	9.71	-0.07
D 市	8.23	1.0235	8.23	0.00
E 市	4.45	1.0046	4.37	-0.08
F 市	5.50	1.0099	5.42	-0.08
G 市	9.11	0.9972	8.87	-0.24
H 市	7.52	1.0086	7.41	-0.11
I 市	3.41	0.9618	3.20	-0.21

由表 3-3 可知，引入电网基建项目投入效益评价机制后，A 市和 B 市的分配比重分别提升了 0.87% 和 0.44%，D 市分配比重保持不变，其余的 C 市、E 市、F 市、H 市、I 市、G 市依次下降了 0.07%、0.08%、0.08%、0.11%、0.21%、0.24%。

（4）结果分析。对比分析主网项目的历史均值，B 市和 I 市的预测结果偏差较大；对比分析主网项目计划编制值，F 市模型测算结果偏差较大。主网项目模型测算结果比较如表 3-4 和图 3-2 所示。

表 3-4　　　　　　　　　　主网项目模型测算结果比较

地区	模型结果（%）	历史均值（%）	与历史均值的偏差（%）	2019 年计划编制（%）	与 2019 年计划编制的偏差（%）
A 市	25.18	24.51	0.67	24.62	0.56
B 市	21.91	20.47	1.44	21.78	0.13
C 市	9.71	10.46	−0.75	9.56	0.15
D 市	8.23	8.50	−0.27	8.45	−0.22
E 市	4.37	5.31	−0.94	4.97	−0.60
F 市	5.42	5.69	−0.27	4.25	1.17
G 市	8.87	8.69	0.18	9.50	−0.63
H 市	7.41	6.45	0.96	7.12	0.29
I 市	3.20	3.22	−0.02	3.28	−0.08

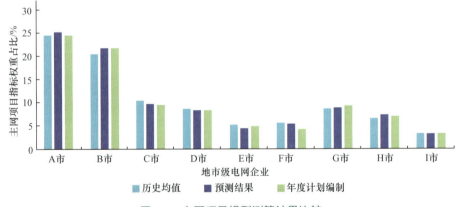

图 3-2　主网项目模型测算结果比较

2. 配电网项目

（1）指标权重计算。通过主成分分析法，得到影响配电网项目的主要因素有 5 个，分别是电网资产、电网质量、企业经营、区域发展和规划计划。再通过因子分析法，计算得到配电网项目的指标权重，如表 3-5 所示。

表 3-5 配电网项目的指标权重

一级指标	权重	二级指标	权重	三级指标	权重
电网资产	0.0563	资产规模	0.0563	配网资产原值	0.0563
电网质量	0.1414	电网结构	0.0241	电网联络率	0.0241
		供电能力	0.1173	户均配电变压器容量	0.0309
				配电变压器重载比例	0.0488
				线路重载比例	0.0376
企业经营	0.1225	经营业绩	0.1225	售电量	0.0974
				综合线损率	0.0251
区域发展	0.2620	电力需求	0.1991	全社会最大负荷增长率	0.0414
				售电量增长率	0.1074
				电力用户数	0.0503
		地方经济	0.0321	供电面积	0.0321
		区域特征	0.0308	地形系数	0.0308
规划计划	0.4178	规划实施	0.2633	"十三五"规划投资	0.0738
				未实施规模投资	0.0919
				下年储备项目投资	0.0976
		计划执行	0.1545	入账成本完成率	0.0942
				历史占比	0.0603

（2）地市级电网企业分配比例计算。根据表 3-5 的指标权重，采用归一化方法处理原始数据，计算得到年度配电网项目在 9 个地市级电网企业的分配比例，如表 3-6 所示。

表 3-6 配电网项目在 9 个地市级电网企业的分配比例

地区	电网资产得分	电网质量得分	企业经营得分	区域发展得分	规划计划得分	总得分	占比（%）
A 市	12.37	31.08	26.92	57.58	91.82	220	19.98
B 市	10.71	26.89	23.30	49.83	79.46	190	17.29
C 市	7.41	18.60	16.12	34.47	54.97	132	11.96
D 市	5.08	12.77	11.06	23.66	37.73	90	8.21
E 市	3.98	9.99	8.65	18.50	29.51	71	6.42
F 市	5.25	13.17	11.41	24.41	38.93	93	8.47
G 市	5.08	12.77	11.06	23.66	37.73	90	8.21
H 市	4.42	11.09	9.61	20.55	32.77	78	7.13
I 市	2.82	7.09	6.14	13.14	20.96	50	4.56

（3）约束条件分析（县级电网企业生产经营约束）。结合县级供电企业生产经营评价分析，选取 62 个市县级电网企业生产经营评价结果作为调整系数，进一步优化模型分配结果。首先，基于上年度县级电网企业生产经营评价结果，构建配电网投资分配修正系数公式：

1）修正系数 = 聚类调整比例 ×（评价系数 b × 0.5+ 效率系数 c × 0.5）；

2）评价系数 = 该企业综合评价得分值 / 平均综合评价得分值；

3）效率系数 = 该企业投入产出效率值 / 平均投入产出效益值。

其中，聚类调整比例、综合评价得分值和投入产出效率值均取自上年度县级电网企业综合评价报告，综合修正系数为市县级电网企业修正系数的算术平均值。再进行归一化处理，计算得到修正后的配电网投资分配结果。配电网项目分配优化如表3-7所示。

表 3-7　　　　　　　　　　配电网项目分配优化

地区	市县级电网企业	聚类结果	聚类调整比例（%）	综合评价得分值	投入产出效率值	修正系数	综合修正系数	地市级电网企业分配比例（%）	地市级电网企业修正分配比例（%）
A市	A市区	第一类	0	95.24	1	0.0000	-0.0107	19.98	19.95
	1 区县	第一类	0	83.63	1	0.0000			
	2 区县	第一类	0	82.75	0.838	0.0000			
	3 区县	第五类	-10	75.56	0.404	-0.0845			
	4 区县	第三类	5	83.71	1	0.0717			
	5 区县	第三类	5	75.57	0.375	0.0409			
	6 区县	第四类	-5	72.26	0.337	-0.0382			
	7 区县	第五类	-10	77.58	0.288	-0.0753			
B市	B市区	第一类	0	95.21	1	0.0000	-0.0188	17.29	17.13
	1 区县	第一类	0	86.55	0.984	0.0000			
	2 区县	第四类	-5	80.38	0.319	-0.0400			
	3 区县	第四类	-5	74.34	0.492	-0.0458			
	4 区县	第一类	0	80.91	0.915	0.0000			
	5 区县	第一类	0	88.44	1	0.0000			
	6 区县	第四类	-5	77.47	0.464	-0.0456			

地区	市县级电网企业	聚类结果	聚类调整比例（%）	综合评价得分值	投入产出效率值	修正系数	综合修正系数	地市级电网企业分配比例（%）	地市级电网企业修正分配比例（%）
C 市	C 市区	第一类	0	92.46	0.984	0.0000	-0.0045	11.96	12.02
	1 区县	第五类	-10	79.33	0.117	-0.0611			
	2 区县	第四类	-5	71.54	0.299	-0.0362			
	3 区县	第四类	-5	74.34	0.337	-0.0388			
	4 区县	第三类	5	70.98	0.471	0.0438			
	5 区县	第五类	-10	63.86	0.087	-0.0485			
	6 区县	第五类	-10	69.21	0.078	-0.0511			
	7 区县	第二类	10	77.25	0.608	0.1040			
	8 区县	第三类	5	74.36	0.529	0.0475			
D 市	D 市区	第一类	0	93.02	0.992	0.0000	0.0595	8.21	8.78
	1 区县	第三类	5	85.58	0.887	0.0672			
	2 区县	第四类	-5	82.8	0.511	-0.0494			
	3 区县	第二类	10	90.49	1	0.1477			
	4 区县	第三类	5	83.6	0.557	0.0517			
	5 区县	第二类	10	78.12	1	0.1398			
E 市	E 市区	第一类	0	92.38	0.974	0.0000	-0.0089	6.42	6.42
	1 区县	第四类	-5	84.63	0.515	-0.0501			
	2 区县	第三类	5	81.93	0.677	0.0566			
	3 区县	第四类	-5	77.12	0.391	-0.0422			
F 市	F 市区	第一类	0	91.17	0.969	0.0000	0.0093	8.47	8.63
	1 区县	第五类	-10	82.97	0.523	-0.0999			
	2 区县	第二类	10	85.46	0.809	0.1273			
	3 区县	第三类	5	90.41	1	0.0738			
	4 区县	第四类	-5	72.1	0.704	-0.0547			

地区	市县级电网企业	聚类结果	聚类调整比例（%）	综合评价得分值	投入产出效率值	修正系数	综合修正系数	地市级电网企业分配比例（%）	地市级电网企业修正分配比例（%）
G市	G市区	第一类	0	91.82	0.977	0.0000	−0.0136	8.21	8.17
	1区县	第四类	−5	85.32	0.495	−0.0495			
	2区县	第五类	−10	79.52	0.422	−0.0886			
	3区县	第五类	−10	71.61	0.161	−0.0601			
	4区县	第四类	−5	76.71	0.575	−0.0503			
	5区县	第二类	10	85.46	0.999	0.1444			
	6区县	第三类	5	85.41	0.574	0.0530			
	7区县	第四类	−5	76.21	0.749	−0.0580			
H市	H市区	第一类	0	92.53	0.963	0.0000	−0.0159	7.13	7.08
	1区县	第四类	−5	75.3	0.615	−0.0517			
	2区县	第四类	−5	81.73	0.701	−0.0576			
	3区县	第三类	5	74.9	0.652	0.0532			
	4区县	第四类	−5	74.83	0.736	−0.0570			
	5区县	第五类	−10	72.36	0.273	−0.0707			
	6区县	第五类	−10	67.22	0.253	−0.0656			
	7区县	第五类	−10	63.87	0.214	−0.0599			
	8区县	第二类	10	77.39	0.591	0.1025			
	9区县	第三类	5	70.71	0.569	0.0481			
I市	I市区	第一类	0	90.01	0.928	0.0000	−0.0564	4.56	4.34
	1区县	第五类	−10	78.93	0.216	−0.0697			
	2区县	第五类	−10	70.55	0.174	−0.0606			
	3区县	第五类	−10	77.19	0.399	−0.0851			
	4区县	第五类	−10	69.13	0.253	−0.0668			
	5区县	第五类	−10	79.37	0.178	−0.0666			
	6区县	第五类	−10	66.76	0.126	−0.0539			

（4）结果分析。对比分析配电网项目的历史均值，B 市的模型测算结果偏差较大；对比分析配电网项目年度计划编制值，A 市、B 市、C 市的模型测算结果偏差较大。配电网项目模型预测结果比较如表 3-8 和图 3-3 所示。

表 3-8　　　　　　　　　　配电网项目模型预测结果比较

地区	模型结果（%）	历史均值（%）	与历史均值的偏差（%）	2019 年计划编制（%）	与 2019 年计划编制的偏差（%）
A 市	19.95	19.04	0.91	18.94	1.01
B 市	17.13	15.62	1.51	18.52	−1.39
C 市	12.02	12.99	−0.97	10.10	1.92
D 市	8.78	8.65	0.13	9.26	−0.48
E 市	6.42	6.58	−0.16	6.31	0.11
F 市	8.63	8.70	−0.07	8.42	0.21
G 市	8.17	7.80	0.37	8.00	0.17
H 市	7.08	7.25	−0.17	6.73	0.35
I 市	4.34	4.87	−0.53	5.05	−0.71

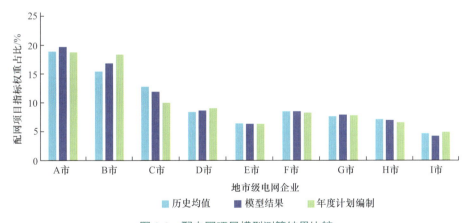

图 3-3　配电网项目模型测算结果比较

3．零购项目

（1）指标权重计算。通过主成分分析法，得到影响零购项目的主要因素有 4 个，分别是资产规模、设备状态、区域发展和规划计划。再通过因子分析法，计算得到零购项目的指标权重，如表 3-9 所示。

表 3-9 零购项目的指标权重

一级指标	权重	二级指标	权重	三级指标	权重
资产规模	0.1643	零购资产	0.1050	仪器仪表及测试设备资产原值	0.0502
				交通运输车辆资产原值	0.0548
		人员规模	0.0593	职工人数	0.0593
设备状态	0.3802	报废情况	0.3802	达到报废条件的公务用车数量占比	0.1075
				达到报废条件的生产用车数量占比	0.1319
				达到报废条件的计算机数量占比	0.1408
区域发展	0.1892	电力需求	0.0453	售电量增长率	0.0453
		地方经济	0.0082	人均 GDP 增长率	0.0082
		区域特征	0.0236	地形系数	0.0236
			0.1121	下辖县级电网企业数量	0.1121
规划计划	0.2663	规划实施	0.1205	下年储备项目投资	0.1205
		计划执行	0.1458	入账成本完成率	0.0914
				历史占比	0.0544

（2）地市级电网企业分配比例计算。根据表 3-9 的指标权重，采用归一化方法处理原始数据，计算得到年度零购项目在 9 个地市级电网企业的分配比例，如表 3-10 所示。

表 3-10 零购项目在 9 个地市级电网企业的分配比例

地区	资产规模得分	设备状态得分	区域发展得分	规划计划得分	总得分	占比（%）
A 市	26.80	62.02	30.86	43.44	163	14.83
B 市	23.69	54.83	27.28	38.40	144	13.11
C 市	21.24	49.14	24.45	34.42	129	11.75
D 市	15.62	36.13	17.98	25.31	95	8.64
E 市	9.90	22.92	11.40	16.05	60	5.48
F 市	13.70	31.70	15.78	22.20	83	7.58
G 市	19.74	45.67	22.73	31.99	120	10.92
H 市	19.92	46.09	22.93	32.28	121	11.02
I 市	9.63	22.29	11.09	15.61	59	5.33

（3）结果分析。对比分析零购项目的历史均值，G 市的模型测算结果偏差较大；对比分析零购项目年度计划编制值，F 市的模型测算结果偏差较大。零购项目模型测算结果比较如表 3-11 和图 3-4 所示。

表 3-11　　　　　　　　　　零购项目模型测算结果比较

地区	模型结果（%）	历史均值（%）	与历史均值的偏差（%）	2019 年计划编制（%）	与 2019 年计划编制的偏差（%）
A 市	14.83	13.68	1.15	14.42	0.41
B 市	13.11	12.09	1.02	13.12	−0.01
C 市	11.75	11.18	0.57	11.04	0.71
D 市	8.64	8.18	0.46	7.46	1.18
E 市	5.48	5.58	−0.10	5.39	0.09
F 市	7.58	7.82	−0.24	5.78	1.80
G 市	10.92	9.27	1.65	10.16	0.76
H 市	11.02	11.62	−0.60	11.22	−0.20
I 市	5.33	6.63	−1.30	6.73	−1.40

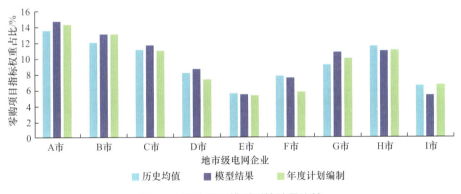

图 3-4　零购项目模型测算结果比较

4．生产技改

（1）指标权重计算。通过主成分分析法，得到影响生产技改项目的主要因素有 5 个，分别是电网资产、电网质量、企业经营、区域发展和规划计划。再通过因子分析法，计算得到生产技改项目的指标权重，如表 3-12 所示。

表 3-12   生产技改项目的指标权重

一级指标	权重	二级指标	权重	三级指标	权重
电网资产	0.2530	电网资产原值	0.1345	0～5 年电网资产原值	0.0102
				6～10 年电网资产原值	0.0211
				10 年以上电网资产原值	0.1032
		资产状态	0.1185	资产成新率	0.1185
电网质量	0.0954	供电能力	0.0954	主变压器重载比例	0.0463
				线路重载比例	0.0491
企业经营	0.0413	经营业绩	0.0413	综合线损率	0.0413
区域发展	0.2723	电力需求	0.1351	全社会最大负荷增长率	0.0426
				售电量增长率	0.0925
		地方经济	0.0165	人均 GDP 增长率	0.0165
		区域特征	0.1207	地形系数	0.0406
				污秽系数	0.0801
规划计划	0.3380	规划实施	0.1473	下年储备项目投资	0.1473
		计划执行	0.1907	入账成本完成率	0.1124
				历史占比	0.0783

（2）地市级电网企业分配比例计算。根据表 3-12 的指标权重，采用归一化方法处理原始数据，计算得到年度生产技改项目在 9 个地市级电网企业的分配比例，如表 3-13 所示。

表 3-13   生产技改项目在 9 个地市级电网企业的分配比例

地区	电网资产得分	电网质量得分	企业经营得分	区域发展得分	规划计划得分	总得分	占比（%）
A 市	39.99	15.08	6.53	43.04	53.43	158	14.37
B 市	34.20	12.90	5.58	36.81	45.69	135	12.29
C 市	28.64	10.80	4.67	30.82	38.26	113	10.29
D 市	25.35	9.56	4.14	27.29	33.87	100	9.11
E 市	18.87	7.11	3.08	20.31	25.21	75	6.78
F 市	29.92	11.28	4.88	32.20	39.97	118	10.75
G 市	22.49	8.48	3.67	24.20	30.04	89	8.08
H 市	30.25	11.41	4.94	32.56	40.41	120	10.87
I 市	15.78	5.95	2.58	16.98	21.08	62	5.67

（3）结果分析。对比分析生产技改项目的历史均值，A 市的模型测算结果偏差较大；对比分析生产技改项目年度计划编制值，A 市、B 市、E 市、F 市、H 市等地市的模型测算结果偏差较大。生产技改项目模型测算结果比较如表3-14和图 3-5 所示。

表 3-14　　　　　　　　生产技改项目模型测算结果比较

地区	模型结果（%）	历史均值（%）	与历史均值的偏差（%）	2019 年计划编制（%）	与 2019 年计划编制的偏差（%）
A 市	14.37	15.70	-1.33	10.15	4.22
B 市	12.29	11.87	0.42	9.42	2.87
C 市	10.29	10.30	-0.01	10.05	0.24
D 市	9.11	8.44	0.67	9.48	-0.37
E 市	6.78	5.89	0.89	4.06	2.72
F 市	10.75	10.65	0.10	14.35	-3.60
G 市	8.08	7.24	0.84	7.02	1.06
H 市	10.87	9.89	0.98	14.73	-3.86
I 市	5.67	5.29	0.38	7.30	-1.63

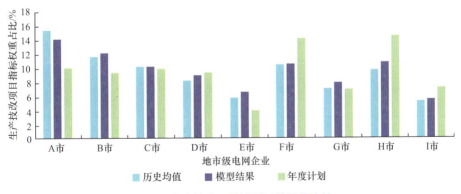

图 3-5　生产技改项目模型测算结果比较

5．生产大修

（1）指标权重计算。通过主成分分析法，得到影响生产大修项目的主要因素有 5 个，分别是电网资产、电网质量、企业经营、区域发展和规划计划。再通过因子分析法，计算得到生产大修项目的指标权重如表 3-15 所示。

表3-15   生产大修项目的指标权重

一级指标	权重	二级指标	权重	三级指标	权重
电网资产	0.3323	电网资产原值	0.1336	0~5年电网资产原值	0.0265
				6~10年电网资产原值	0.0955
				10年以上电网资产原值	0.0116
		资产状态	0.1987	资产成新率	0.1122
				单位资产运维成本	0.0865
电网质量	0.0625	供电能力	0.0625	主变压器重载比例	0.0314
				线路重载比例	0.0311
企业经营	0.0205	经营业绩	0.0205	综合线损率	0.0205
区域发展	0.2758	电力需求	0.1192	全社会最大负荷增长率	0.0374
				售电量增长率	0.0818
		地方经济	0.0112	人均GDP增长率	0.0112
		区域特征	0.1454	地形系数	0.0533
				污秒系数	0.0921
规划计划	0.3089	规划实施	0.1519	下年储备项目投资	0.1519
		计划执行	0.157	入账成本完成率	0.1027
				历史占比	0.0543

（2）地市级电网企业分配比例计算。根据表3-15的指标权重，采用归一化方法处理原始数据，计算得到年度生产大修项目在9个地市级电网企业的分配比例，如表3-16所示。

表3-16   生产大修项目在9个地市级电网企业的分配比例

地区	电网资产得分	电网质量得分	企业经营得分	区域发展得分	规划计划得分	总得分	占比（%）
A市	57.35	10.79	3.54	47.60	53.31	173	15.69
B市	51.28	9.65	3.16	42.56	47.67	154	14.03
C市	39.33	7.40	2.43	32.64	36.56	118	10.76
D市	36.59	6.88	2.26	30.37	34.01	110	10.01
E市	23.80	4.48	1.47	19.75	22.12	72	6.51
F市	36.85	6.93	2.27	30.58	34.25	111	10.08
G市	36.11	6.79	2.23	29.97	33.57	109	9.88
H市	38.64	7.27	2.38	32.07	35.92	116	10.57
I市	15.57	2.93	0.96	12.92	14.48	47	4.26

（3）结果分析。对比分析生产大修项目的历史均值，B市的模型测算结果偏差较大；对比分析生产大修项目年度计划编制值，A市、G市、H市的模型测算结果偏差较大。生产大修项目模型测算结果比较如表3-17和图3-6所示。

表 3-17　　　　　　　　生产大修项目模型测算结果比较

地区	模型结果（%）	历史均值（%）	与历史均值的偏差（%）	2019 年计划编制（%）	与2019 年计划编制的偏差（%）
A 市	15.69	15.30	0.39	18.04	−2.35
B 市	14.03	15.20	−1.17	15.02	−0.99
C 市	10.76	10.58	0.18	10.59	0.17
D 市	10.01	10.41	−0.40	9.79	0.22
E 市	6.51	6.26	0.25	6.44	0.07
F 市	10.08	9.73	0.35	9.78	0.30
G 市	9.88	9.75	0.13	8.42	1.46
H 市	10.57	10.14	0.43	9.14	1.43
I 市	4.26	4.42	−0.16	4.06	0.20

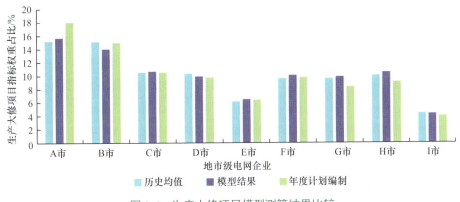

图 3-6　生产大修项目模型测算结果比较

6. 小型基建

（1）指标权重计算。通过主成分分析法，得到影响小型基建项目的主要因素有 4 个，分别是资产规模、人员规模、区域发展和规划计划。再通过因子分析法，计算得到小型基建项目的指标权重，如表 3-18 所示。

表 3-18 小型基建项目的指标权重

一级指标	权重	二级指标	权重	三级指标	权重
资产规模	0.2362	资产规模	0.1009	固定资产原值	0.1009
			0.1353	人均用房面积	0.1353
人员规模	0.1145	人员规模	0.1145	职工人数	0.1145
区域发展	0.2473	电力需求	0.0729	售电量	0.0729
		地方经济	0.0573	供电面积	0.0573
		区域特征	0.1171	下辖县级电网企业数量	0.1171
规划计划	0.4020	规划实施	0.1855	下年储备项目投资	0.1855
		计划执行	0.2165	入账成本完成率	0.1137
				历史占比	0.1028

（2）地市级电网企业分配比例计算。根据表 3-18 的指标权重，采用归一化方法处理原始数据，计算得到年度小型基建项目在 9 个地市级电网企业的分配比例，如表 3-19 所示。

表 3-19 小型基建项目在 9 个地市级电网企业的分配比例

地区	资产规模得分	人员规模得分	区域发展得分	规划计划得分	总得分	占比（%）
A 市	35.13	17.03	36.78	59.79	149	13.52
B 市	34.06	16.51	35.66	57.97	144	13.11
C 市	31.36	15.20	32.83	53.37	133	12.07
D 市	24.45	11.85	25.60	41.61	104	9.41
E 市	22.66	10.98	23.72	38.56	96	8.72
F 市	19.82	9.61	20.76	33.74	84	7.63
G 市	28.29	13.72	29.62	48.16	120	10.89
H 市	26.53	12.86	27.77	45.15	112	10.21
I 市	12.76	6.18	13.36	21.71	54	4.91

（3）结果分析。对比分析小型基建项目的历史均值，9 个地市级电网企业的模型测算结果偏差均较大；对比分析小型基建项目年度计划编制值，A 市、D 市、E 市、G 市等地市的模型测算结果偏差较大。小型基建项目模型测算结果比较如表 3-20 和图 3-7 所示。

表 3-20　　　　　　　　小型基建项目模型测算结果比较

地区	模型结果（%）	历史均值（%）	与历史均值的偏差（%）	2019 年计划编制（%）	与 2019 年计划编制的偏差（%）
A 市	13.52	9.89	3.63	7.36	6.16
B 市	13.11	8.73	4.38	12.72	0.39
C 市	12.07	5.50	6.57	12.48	−0.41
D 市	9.41	0.30	9.11	0.00	9.41
E 市	8.72	21.72	−13.00	10.74	−2.02
F 市	7.63	4.54	3.09	6.86	0.77
G 市	10.89	15.77	−4.88	19.70	−8.81
H 市	10.21	15.48	−5.27	14.00	−3.79
I 市	4.91	1.97	2.94	3.32	1.59

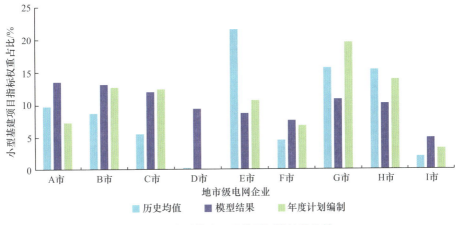

图 3-7　小型基建项目模型测算结果比较

7. 生产辅助技改

（1）指标权重计算。通过主成分分析法，得到影响生产辅助技改项目的主要因素有 4 个，分别是资产规模、人员规模、区域发展和规划计划。再通过因子分析法，计算得到生产辅助技改项目的指标权重，如表 3-21 所示。

表 3-21　　　　　　　　生产辅助技改项目的指标权重

一级指标	权重	二级指标	权重	三级指标	权重
资产规模	0.2664	房屋资产原值	0.2664	0～5 年房屋资产原值	0.0201
				6～10 年房屋资产原值	0.0826
				10 年以上房屋资产原值	0.1637
人员规模	0.1105	职工人数	0.1105	职工人数	0.1105
区域发展	0.2114	电力需求	0.0991	售电量	0.0991
		区域特征	0.1123	下辖县级电网公司数量	0.1123
规划计划	0.4117	规划实施	0.1836	下年储备项目投资	0.1836
		计划执行	0.2281	入账完成率	0.1429
				历史占比	0.0852

（2）地市级电网企业分配比例计算。根据表 3-21 的指标权重，采用归一化方法处理原始数据，计算得到年度生产辅助技改项目在 9 个地市级电网企业的分配比例，如表 3-22 所示。

表 3-22　　　　生产辅助技改项目在 9 个地市级电网企业的分配比例

地区	资产规模得分	人员规模得分	区域发展得分	规划计划得分	总得分	占比（%）
A 市	36.28	15.05	28.79	56.07	136	12.38
B 市	43.43	18.01	34.46	67.12	163	14.82
C 市	36.37	15.08	28.86	56.20	137	12.41
D 市	24.21	10.04	19.21	37.41	91	8.26
E 市	16.03	6.65	12.72	24.77	60	5.47
F 市	19.22	7.97	15.25	29.71	72	6.56
G 市	25.73	10.67	20.42	39.76	97	8.78
H 市	30.04	12.46	23.84	46.42	113	10.25
I 市	29.27	12.14	23.23	45.24	110	9.99

（3）结果分析。对比分析生产辅助技改项目的历史均值，A 市、C 市、H 市的模型测算结果偏差较大；对比分析生产辅助技改项目年度计划编制值，A 市、C 市、F 市等地市的模型测算结果偏差较大。生产辅助技改项目模型测算结果比较如表 3-23 和图 3-8 所示。

表 3-23　　　生产辅助技改项目模型测算结果比较

地区	模型结果（%）	历史均值（%）	与历史均值的偏差（%）	2019 年计划编制（%）	与 2019 年计划编制的偏差（%）
A 市	12.38	9.93	2.45	9.92	2.46
B 市	14.82	14.72	0.10	15.34	−0.52
C 市	12.41	9.41	3.00	17.34	−4.93
D 市	8.26	10.44	−2.18	7.64	0.62
E 市	5.47	5.78	−0.31	4.57	0.90
F 市	6.56	6.56	0.00	0.00	6.56
G 市	8.78	8.96	−0.18	8.13	0.65
H 市	10.25	13.14	−2.89	4.90	5.35
I 市	9.99	10.71	−0.72	13.71	−3.72

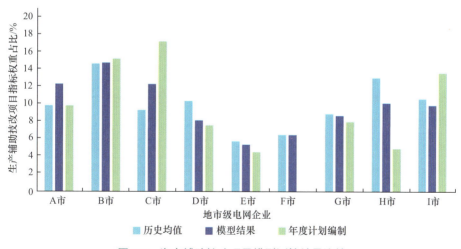

图 3-8　生产辅助技改项目模型测算结果比较

8．生产辅助大修

（1）指标权重计算。通过主成分分析法，得到影响生产辅助大修项目的主要因素有 4 个，分别是资产规模、人员规模、区域发展和规划计划。再通过因子分析法，计算得到生产辅助大修项目的指标权重，如表 3-24 所示。

表 3-24　　　　　　　　　　生产辅助大修项目的指标权重

一级指标	权重	二级指标	权重	三级指标	权重
资产规模	0.2335	房屋资产原值	0.2335	0～5 年房屋资产原值	0.0525
				6～10 年房屋资产原值	0.1177
				10 年以上房屋资产原值	0.0633
人员规模	0.1224	职工人数	0.1224	职工人数	0.1224
区域发展	0.2099	电力需求	0.0826	售电量	0.0826
		区域特征	0.1273	下辖县级电网企业数量	0.1273
规划计划	0.4342	规划实施	0.1979	下年储备项目投资	0.1979
		计划执行	0.2363	入账成本完成率	0.1235
				历史占比	0.1128

（2）地市级电网企业分配比例计算。根据表 3-24 的指标权重，采用归一化方法处理原始数据，计算得到生产辅助大修项目在 9 个地市级电网企业的分配比例，如表 3-25 所示。

表 3-25　　　　生产辅助大修项目在 9 个地市级电网企业的分配比例

地区	资产规模得分	人员规模得分	区域发展得分	规划计划得分	总得分	占比（%）
A 市	36.52	19.15	32.83	67.92	156	14.22
B 市	27.12	14.22	24.38	50.44	116	10.56
C 市	36.73	19.25	33.02	68.30	157	14.30
D 市	20.86	10.93	18.75	38.78	89	8.12
E 市	12.87	6.75	11.57	23.93	55	5.01
F 市	18.03	9.45	16.21	33.53	77	7.02
G 市	31.80	16.67	28.58	59.13	136	12.38
H 市	23.40	12.27	21.03	43.51	100	9.11
I 市	12.92	6.77	11.61	24.02	55	5.03

（3）结果分析。对比分析生产辅助大修项目的历史均值，A 市、B 市、F 市、G 市、I 市的模型测算结果偏差较大；对比分析生产辅助大修项目年度计划编制值，A 市、B 市、C 市、G 市等地市的模型测算结果偏差较大。生产辅助大

修项目模型测算结果比较如表 3-26 和图 3-9 所示。

表 3-26   生产辅助大修项目模型测算结果比较

地区	模型结果（%）	历史均值（%）	与历史均值的偏差（%）	2019 年计划编制（%）	与 2019 年计划编制的偏差（%）
A 市	14.22	9.89	4.33	13.15	1.07
B 市	10.56	3.97	6.59	4.36	6.20
C 市	14.30	15.09	−0.79	18.12	−3.82
D 市	8.12	7.68	0.44	7.81	0.31
E 市	5.01	5.70	−0.69	1.62	3.39
F 市	7.02	4.89	2.13	5.53	1.49
G 市	12.38	14.75	−2.37	18.07	−5.69
H 市	9.11	7.52	1.59	7.13	1.98
I 市	5.03	7.53	−2.50	7.35	−2.32

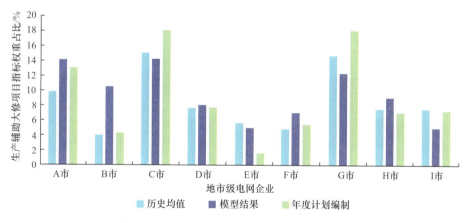

图 3-9　生产辅助大修项目模型测算结果比较

9．营销投入

（1）指标权重计算。通过主成分分析法，得到影响营销项目的主要因素有 4 个，分别是资产规模、企业经营、区域发展和规划计划。再通过因子分析法，计算得到营销项目的指标权重，如表 3-27 所示。

表 3-27 营销项目的指标权重

一级指标	权重	二级指标	权重	三级指标	权重
资产规模	0.1966	营销资产	0.1966	电能表数量	0.0823
				计量箱数量	0.0418
				智能充换电站数量	0.0101
				营业厅数量	0.0624
企业经营	0.1219	经营业绩	0.1219	主营业务收入	0.1219
区域发展	0.3008	电力需求	0.2015	售电量增长率	0.1174
				电力用户数	0.0841
		地方经济	0.0993	人均 GDP 增长率	0.0211
				供电面积	0.0375
				供电人口	0.0407
规划计划	0.3807	规划实施	0.1640	下年储备项目投资	0.1640
		计划执行	0.2167	入账成本完成率	0.1206
				历史占比	0.0961

（2）地市级电网企业分配比例计算。根据表 3-27 的指标权重，采用归一化方法处理原始数据，计算得到年度营销项目在 9 个地市级电网企业的分配比例，如表 3-28 所示。

表 3-28 营销项目在 9 个地市级电网企业的分配比例

地区	资产规模得分	企业经营得分	区域发展得分	规划计划得分	总得分	占比（%）
A 市	54.22	33.62	82.95	104.99	276	25.07
B 市	35.45	21.98	54.23	68.64	180	16.39
C 市	18.27	11.33	27.96	35.39	93	8.45
D 市	14.58	9.04	22.30	28.23	74	6.74
E 市	10.83	6.72	16.58	20.98	55	5.01
F 市	15.48	9.60	23.69	29.98	79	7.16
G 市	17.78	11.02	27.20	34.42	90	8.22
H 市	21.11	13.09	32.29	40.87	107	9.76
I 市	10.23	6.34	15.65	19.81	52	4.73

（3）结果分析。对比分析营销项目的历史均值，B 市、C 市、I 市的模型测算结果偏差较大；对比分析营销项目年度计划编制值，A 市、B 市、C 市等地市的模型测算结果偏差较大。营销项目模型测算结果比较如表 3-29 和图 3-10 所示。

表 3-29 营销项目模型测算结果比较

地区	模型结果（%）	历史均值（%）	与历史均值的偏差（%）	2019 年计划编制（%）	与 2019 年计划编制的偏差（%）
A 市	25.07	24.60	0.47	26.12	−1.05
B 市	16.39	14.37	2.02	17.88	−1.49
C 市	8.45	7.10	1.35	6.82	1.63
D 市	6.74	7.58	−0.84	4.21	2.53
E 市	5.01	4.29	0.72	3.27	1.74
F 市	7.16	6.50	0.66	6.94	0.22
G 市	8.22	8.32	−0.10	8.48	−0.26
H 市	9.76	9.30	0.46	12.14	−2.38
I 市	4.73	5.93	−1.20	4.99	−0.26

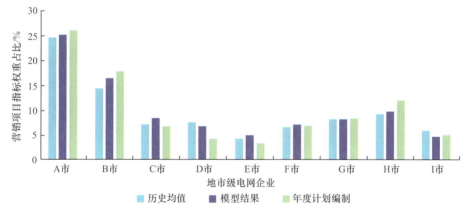

图 3-10 营销项目模型测算结果比较

10．信息化建设

（1）指标权重计算。通过主成分分析法，得到影响信息化建设项目的主要因素有 2 个，分别是区域发展和规划计划。再通过因子分析法，计算得到信息化建设项目的指标权重，如表 3-30 所示。

表 3-30 信息化建设项目的指标权重

一级指标	权重	二级指标	权重	三级指标	权重
区域发展	0.1053	电力需求	0.1053	售电量	0.1053
规划计划	0.8947	规划实施	0.4852	下年储备项目投资	0.4852
		计划执行	0.4095	入账成本完成率	0.3024
				历史占比	0.1071

（2）地市级电网企业分配比例计算。根据表 3-30 的指标权重，采用归一化方法处理原始数据，计算得到年度信息化建设项目在 9 个地市级电网企业的分配比例，如表 3-31 所示。

表 3-31　　　　　　信息化建设项目在 9 个地市级电网企业的分配比例

地区	区域发展得分	规划计划得分	总得分	占比（%）
A 市	13.91	118.20	132	12.01
B 市	15.37	130.60	146	13.27
C 市	20.10	170.75	191	17.35
D 市	8.25	70.07	78	7.12
E 市	5.14	43.70	49	4.44
F 市	9.24	78.54	88	7.98
G 市	7.96	67.61	76	6.87
H 市	4.97	42.22	47	4.29
I 市	11.46	97.33	109	9.89

（3）结果分析。对比分析信息化建设项目的历史均值，A 市、C 市、D 市、E 市、F 市、G 市、H 市、I 市的模型测算结果偏差较大；对比分析信息化建设项目年度计划编制值，A 市、C 市、F 市、G 市等地市的模型测算结果偏差较大。信息化建设项目模型测算结果比较如表 3-32 和图 3-11 所示。

表 3-32　　　　　　　　信息化建设项目模型测算结果比较

地区	模型结果（%）	历史均值（%）	与历史均值的偏差（%）	2019 年计划编制（%）	与 2019 年计划编制的偏差（%）
A 市	12.01	16.42	-4.41	8.22	3.79
B 市	13.27	14.21	-0.94	12.97	0.30
C 市	17.35	11.39	5.96	21.07	-3.72
D 市	7.12	8.12	-1.00	6.25	0.87
E 市	4.44	6.72	-2.28	3.94	0.50
F 市	7.98	6.00	1.98	9.56	-1.58
G 市	6.87	5.72	1.15	3.92	2.95
H 市	4.29	2.02	2.27	1.77	2.52
I 市	9.89	11.51	-1.62	12.20	-2.31

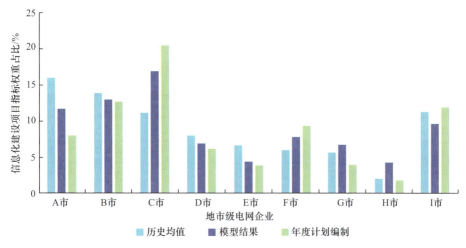

图 3-11　信息化建设项目模型测算结果比较

11．研究开发

（1）指标权重计算。通过主成分分析法，得到影响研究开发项目的主要因素有 3 个，分别是创新能力、区域发展和规划计划。再通过因子分析法，计算得到研究开发项目的指标权重，如表 3-33 所示。

表 3-33　　　　　　　　　　研究开发项目的指标权重

一级指标	权重	二级指标	权重	三级指标	权重
创新能力	0.4600	科研条件	0.1396	实验室数量	0.0745
				攻关团队数量	0.0651
		获得奖项	0.2159	国家奖数量	0.1002
				省部级奖数量	0.0731
				省级电网企业奖数量	0.0426
		成果数量	0.1045	专利技术数量	0.0527
				论文数量	0.0518
区域发展	0.0537	电力需求	0.0537	售电量	0.0537
规划计划	0.4863	规划实施	0.2781	下年储备项目投资	0.2781
		计划执行	0.2082	入账成本完成率	0.1097
				历史占比	0.0985

（2）地市级电网企业分配比例计算。根据表 3-33 的指标权重，采用归一化方法处理原始数据，计算得到年度研究开发项目在 9 个地市级电网企业的分配比例，如表 3-34 所示。

表 3-34   研究开发项目在 9 个地市级电网企业的分配比例

地区	创新能力得分	区域发展得分	规划计划得分	总得分	占比（%）
A 市	79.59	9.29	84.14	173	15.73
B 市	66.34	7.74	70.13	144	13.11
C 市	40.53	4.73	42.85	88	8.01
D 市	50.04	5.84	52.90	109	9.89
E 市	25.40	2.97	26.85	55	5.02
F 市	65.17	7.61	68.90	142	12.88
G 市	65.83	7.69	69.59	143	13.01
H 市	32.69	3.82	34.56	71	6.46
I 市	23.02	2.69	24.34	50	4.55

（3）结果分析。对比分析研究开发项目的历史均值，A 市、B 市、G 市、I 市的模型测算结果偏差较大；对比分析研究开发项目年度计划编制值，A 市、B 市、D 市、E 市等地市的模型测算结果偏差较大。研究开发项目模型测算结果比较如表 3-35 和图 3-12 所示。

表 3-35   研究开发项目模型测算结果比较

地区	模型结果（%）	历史均值（%）	与历史均值的偏差（%）	2019 年计划编制（%）	与 2019 年计划编制的偏差（%）
A 市	15.73	14.29	1.44	19.78	−4.05
B 市	13.11	11.27	1.84	10.66	2.45
C 市	8.01	7.82	0.19	7.98	0.03
D 市	9.89	10.00	−0.11	11.60	−1.71
E 市	5.02	5.18	−0.16	3.74	1.28
F 市	12.88	12.69	0.19	12.42	0.46
G 市	13.01	11.37	1.64	13.47	−0.46
H 市	6.46	5.82	0.64	5.01	1.45
I 市	4.55	5.90	−1.35	6.45	−1.90

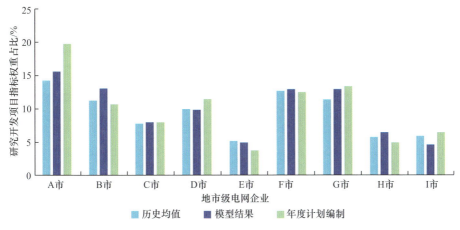

图 3-12　研究开发项目模型测算结果比较

12. 教育培训

（1）指标权重计算。通过主成分分析法，得到影响教育培训项目的主要因素有 5 个，分别是职工人数、工资总额、人才队伍、区域发展和规划计划。再通过因子分析法，计算得到教育培训项目的指标权重，如表 3-36 所示。

表 3-36　　　　　　　　　　教育培训项目的指标权重

一级指标	权重	二级指标	权重	三级指标	权重
职工人数	0.0874	职工人数	0.0874	职工人数	0.0874
工资总额	0.2116	工资总额	0.2116	工资总额	0.2116
人才队伍	0.2891	职称人才	0.093	高级职称占比	0.0148
				中级职称占比	0.0355
				初级职称占比	0.0427
		技能人才	0.0819	高级技师占比	0.0108
				中级技师占比	0.0295
				初级工占比	0.0416
		人才质量	0.1142	全员劳动生产率	0.0525
				人才当量密度	0.0617
区域发展	0.0663	电力需求	0.0663	售电量	0.0663
规划计划	0.3456	规划实施	0.1211	下年储备项目投资	0.1211
		计划执行	0.2245	入账成本完成率	0.1162
				历史占比	0.1083

（2）地市级电网企业分配比例计算。根据表 3-36 的指标权重，采用归一化方法处理原始数据，计算得到教育培训项目在 9 个地市级电网企业的分配比例，如表 3-37 所示。

表 3-37　　　　　　　教育培训项目在 9 个地市级电网企业的分配比例

地区	职工人数得分	工资总额得分	人才队伍得分	区域发展得分	规划计划得分	总得分	占比（%）
A 市	13.82	33.47	45.73	10.49	54.67	158	14.38
B 市	12.75	30.86	42.17	9.67	50.41	146	13.26
C 市	10.65	25.79	35.24	8.08	42.12	122	11.08
D 市	9.34	22.62	30.91	7.09	36.95	107	9.72
E 市	5.92	14.34	19.59	4.49	23.42	68	6.16
F 市	8.19	19.83	27.09	6.21	32.39	94	8.52
G 市	9.72	23.53	32.15	7.37	38.43	111	10.11
H 市	9.83	23.79	32.50	7.45	38.85	112	10.22
I 市	4.82	11.66	15.93	3.65	19.05	55	5.01

（3）结果分析。对比分析教育培训项目的历史均值，D 市、F 市、I 市的模型测算结果偏差较大；对比分析教育培训项目年度计划编制值，A 市、D 市的模型测算结果偏差较大。教育培训项目模型测算结果比较如表 3-38 和图 3-13 所示。

表 3-38　　　　　　　　教育培训项目模型测算结果比较

地区	模型结果（%）	历史均值（%）	与历史均值的偏差（%）	2019 年计划编制（%）	2019 年计划编制的偏差（%）
A 市	14.38	13.54	0.84	13.01	1.37
B 市	13.26	12.29	0.97	12.95	0.31
C 市	11.08	11.51	-0.43	10.75	0.33
D 市	9.72	8.39	1.33	8.40	1.32
E 市	6.16	5.65	0.51	6.55	-0.39
F 市	8.52	7.52	1.00	8.47	0.05
G 市	10.11	9.75	0.36	10.58	-0.47
H 市	10.22	11.03	-0.81	11.11	-0.89
I 市	5.11	6.51	-1.40	5.09	0.02

根据年度甲省电网企业综合计划分配模型测算结果，发现电网基建、零购项目、生产技改、生产大修、营销投入和教育培训 6 个专业在 9 个地市级电网

企业的分配结果均较为合理,适合构建模型进行分配测算。小型基建、生产辅助技改、生产辅助大修、信息化建设和研究开发 5 个专业在 9 个地市级电网企业的分配结果总体偏差较大,需要根据实际业务管理部门的管理需求和地方建设需求,加以调整优化。

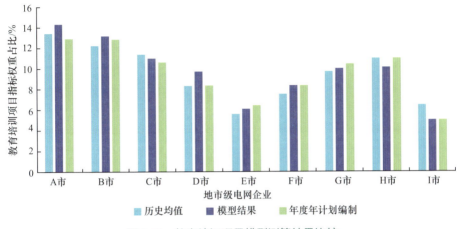

图 3-13 教育培训项目模型测算结果比较

3.3 发展投入项目的实施时序模型构建

3.3.1 项目实施时序决策指标体系

根据各类项目的建设目的、紧迫程度、建设效益等,从需求紧迫度、电网提升度、企业发展度三个维度,分析并梳理储备库项目出库实施时序的影响因素,如表 3-39 所示。

表 3-39　　　　　　　　电网项目实施时序决策指标体系

维度	建设目标	指标	备注
需求紧迫度	满足新增负荷	最高用电负荷年增长率	项目建设所在地
		全社会用电量年增长率	项目建设所在地
		售电量年增长率	项目建设所在地
		最大负载率	超过 80%
		220kV 容载比	合理区间 1.9 ～ 2.2
		110kV 容载比	合理区间 1.8 ～ 2.1
		35kV 容载比	合理区间 1.6 ～ 1.9
	缓解输电能力不足	线路投资增长率	

续表

维度	建设目标	指标	备注
需求紧迫度	消除安全隐患	年限超过 20 年的 110kV 架空线占比	
		年限超过 20 年的 110kV 电缆占比	
		运行年限超过 20 年的 110kV 主变压器占比	
		运行年限超过 20 年的 35kV 主变压器占比	
电网提升度	提高电网质量	电压合格率	100%
		供电可靠率	100%
		N-1 通过率	100%
		10kV 线路互联率	配电网
	增强电网效益	单位电网投资增供负荷	
		单位电网投资增售电量	
企业发展度	落实电改政策	新增有效资产	项目资本性投资比例
	提升经营效益	单位电网资产供电负荷	
		单位电网资产售电量	
		单位电网资产售电收入	
		资产负债率	资本性投资 =1，成本性投资 =0
	电网智能化	信息化水平	打分制
		自动化水平	打分制
		节能化水平	打分制

根据上述对储备库项目出库实施时序影响因素的分析，构建需求紧迫度、电网提升度、企业发展度 3 个一级指标，满足新增负荷、缓解输电能力不足、消除安全隐患、提高电网质量、增强电网效益、落实电改政策、提升经营效益、电网智能化 8 个二级指标，以及最高用电负荷年增长率、全社会用电量年增长率等 26 个三级指标，具体如表 3-39 所示。

3.3.2 项目实施时序模型构建及实证

1. 基于改进 GRA-TOPSIS 模型的电网项目实施时序决策模型

针对项目排序决策过程存在的因主观性和模糊性而带来的精确性欠佳问题，构建基于改进 GRA-TOPSIS 模型的电网发展投入项目实施时序模型，其包括 2 个核心步骤：一是利用灰色关联分析法（GRA）交互挖掘决策矩阵信息，确定决策指标权重，通过极大挖掘决策矩阵信息，可较好地解决因主观性而引起的精确性欠佳问题，提高决策结果的可信度；二是通过引入 Kaufmann 距离改进

（technique for order preference by similarity to an ideal solution，TOPSIS）法，利用加权 Kaufmann 距离度量各方案与正、负加权理想解的差异，以方案值与正、负理想解的加权 Kaufmann 距离确定项目的实施序列，将 TOPSIS 法拓展到处理数据结构不明确的模糊问题领域。

基于 GRA 交互确定决策指标权重的具体步骤如下：

步骤 1   利用线性变换方法对指标向量进行规范化处理。对初始决策矩阵 $F_{ij}=\{x_{ij}\}$，进行线性规范化处理得到规范化后决策矩阵 $F=\{\widetilde{x}_{ij}\}$。

步骤 2   计算指标向量之间的灰色关联系数，建立灰色关联系数矩阵。设 $\widetilde{x}_i$ 和 $\widetilde{x}_j$ 为代表决策矩阵任意 2 个指标向量，则指标向量 $\widetilde{x}_i$ 和 $\widetilde{x}_j$ 色关联系数可以表示公式为：

$$r\left[x_k(i),x_k(j)\right]=\frac{\min_j\min_k\left|x_k(i)-x_k(j)\right|+\rho\max_j\max_k\left|x_k(i)-x_k(j)\right|}{\left|x_k(i)-x_k(j)\right|+\rho\max_j\max_k\left|x_k(i)-x_k(j)\right|} \quad (3-1)$$

式中：ρ 为分辨系数，一般取 0.5。

步骤 3   计算关联系数公式为：

$$r_j=\frac{1}{m-1}\sum_{i=1}^{m}\frac{1}{\left(\dfrac{x_{ij}-x_{0j}}{\Delta_{ij}+\rho}\right)} \qquad j=1,2,\cdots,n \quad i\neq j \quad (3-2)$$

式中：x_{ij} 是决策矩阵中第 i 个方案的第 j 个指标的值；x_{0j} 是第 j 个指标的参考序列，通常是该指标的最大值或最小值，取决于是效益型还是成本型指标；$\Delta_{ij}=\max_i(x_{ij}-x_{0j})$ 是第 j 个指标的参考序列与其他序列的差异的最大值。

最后，利用下式对 r_j 进行归一化处理，公式为：

$$w_j=\frac{r_j}{\sum\limits_{i=1}^{n}r_j} \qquad j=1,2,\cdots,n \quad i\neq j \quad (3-3)$$

得到指标权重向量 $W=(w_1,w_2,\cdots,w_n)^T$。

步骤 4   分别计算经规范化处理后的各方案 a_i 与加权正理想解向量 M^* 之间的距离 D_i^*，以及与加权负理想解向量 M^- 之间的距离 D_i^- 公式为：

$$D_i^*=\sqrt{\sum_{j=1}^{n}\left[d\left(t_{ij},M_j^*\right)\right]^2} \qquad (3-4)$$

$$D_i^-=\sqrt{\sum_{j=1}^{n}\left[d\left(t_{ij},M_j^-\right)\right]^2} \qquad (3-5)$$

式中：$d(t_{ij},M_j^*)$ 或 $d(t_{ij},M_j^-)$ 表示方案值与理想解之间的加权 Kaufmann 距离。

步骤 5 计算方案 a_i 与理想解之间的综合距离，公式为：

$$D_i = p\frac{D_i^-}{D} + (1-p)\left(1-\frac{D_i^*}{D}\right), i=1,2,\cdots,m \qquad (3\text{-}6)$$

式中：D 为 D_i^* 与 D_i^- 之间的距离；p 为乐观系数，其取值视具体情况而定。

步骤 6 决策者根据值 D_i 的大小，对方案进行优先排序，确定最终实施序列方案，其排序原则是 D_i 值越大，方案重要程度越高，越应优先实施该方案。

2. 电网建设项目实施时序决策实证分析

考虑电网基建是综合计划投资的重点，且电网基建项目在整个综合计划投资中占绝大部分，因此项目实施时序以电网基建项目为例进行实证分析。从项目需求紧迫度、电网提升度、企业发展度等角度出发，选择了 21 个具有代表性的指标组成排序决策指标体系。应用建立的基于改进 GRA-TOPSIS 模型的电网项目排序决策模型，对电网项目实施时序进行排序决策，甲省电网企业电网建设项目排序决策指标体系及指标值如表 3-40 所示。

表 3-40　　　　甲省电网企业电网建设项目排序决策指标值

目标层	准则层	决策指标	备注	项目 A	项目 B	项目 C	项目 D	项目 E
需求紧迫度	满足新增负荷	最高用电负荷年增长率	项目建设所在地	0.05	0.10	0.12	0.06	0.02
		全社会用电量年增长率	项目建设所在地	0.03	0.05	0.08	0.02	0.01
		售电量年增长率	项目建设所在地	0.04	0.06	0.07	0.03	0.02
		最大负载率	超过80%为重载	0.82	0.85	0.07	0.06	0.09
		220kV 容载比	合理区间 1.9～2.2	1.9	—	—	2.1	—
		110kV 容载比	合理区间 1.8～2.1	—	1.8	1.9	—	—
		35kV 容载比	合理区间 1.6～1.9	—	—	—	—	2.0
	缓解输电能力不足	线路投资增长率	项目建设所在地	0.07	0.05	0.09	0.04	0.06
	消除安全隐患	年限超过 20 年的线路占比	项目建设所在地	0.01	0.02	0.02	0.01	0.01
		运行年限超过 20 年的主变压器占比	项目建设所在地	0.02	0.06	0.05	0.03	0.04

目标层	准则层	决策指标	备注	项目 A	项目 B	项目 C	项目 D	项目 E
电网提升度	提高电网质量	电压合格率	项目建设所在地	0.999	0.996	0.998	0.991	0.999
		供电可靠率	项目建设所在地	0.984	0.991	0.975	0.980	0.968
		N-1 通过率	项目建设所在地	1	1	1	1	1
		10kV 线路互联率	配电网	0.8137	0.8747	0.8823	0.8900	0.8950
	增强电网效益	单位电网投资增供负荷（kW/ 万元）	—	0.04	0.05	0.02	0.08	0.10
		单位电网投资增售电量（kWh/ 元）	—	0.07	0.06	0.07	0.12	0.09
公司发展度	落实电改政策	新增有效资产	项目资本性投资比例	1.0	0.9	0.5	0.3	0
	提升经营效益	单位电网资产供电负荷（kW/ 万元）	—	1.51	1.44	1.18	1.07	1.05
		单位电网资产售电量（kWh/ 元）	—	1.44	1.13	1.37	1.03	1.02
		资产负债率	资本性投资 =1，成本性投资 =0	1	1	0	1	0
	电网智能化	信息化水平	打分制（10 分制）	5	4	7	6	9
		自动化水平	打分制（10 分制）	6	2	3	8	4
		节能化水平	打分制（10 分制）	9	8	7	5	6

步骤 1　确定各决策指标的权重。基于上表中某省级电网企业电网建设项目排序决策矩阵，计算各指标向量间的灰色关联度，并得到由灰色关联度构成的灰色关联矩阵为：

$$G=\begin{bmatrix} 1 & 2 & 2.400 & 1.200 & 0.400 \\ 1 & 1.667 & 2.667 & 0.667 & 0.333 \\ 1 & 1.500 & 1.750 & 0.750 & 0.500 \\ 1 & 1.037 & 0.085 & 0.073 & 0.110 \\ 1 & 0.947 & 1 & 1.105 & 1.053 \\ 1 & 0.714 & 1.286 & 0.571 & 0.857 \\ 1 & 2 & 2 & 1 & 1 \\ 1 & 3 & 2.500 & 1.500 & 2 \\ 1 & 0.997 & 0.999 & 0.992 & 1 \\ 1 & 1.007 & 0.991 & 0.996 & 0.984 \\ 1 & 1 & 1 & 1 & 1 \\ 1 & 1.075 & 1.084 & 1.094 & 1.100 \\ 1 & 1.250 & 0.500 & 2 & 2.500 \\ 1 & 0.857 & 1 & 1.714 & 1.286 \\ 1 & 0.900 & 0.500 & 0.300 & 0 \\ 1 & 0.954 & 0.781 & 0.709 & 0.695 \\ 1 & 0.785 & 0.951 & 0.715 & 0.708 \\ 1 & 1 & 0 & 1 & 0 \\ 1 & 0.800 & 1.400 & 1.200 & 1.800 \\ 1 & 0.333 & 0.500 & 1.333 & 0.667 \\ 1 & 0.889 & 0.778 & 0.556 & 0.667 \end{bmatrix} \qquad (3\text{-}7)$$

并根据单一指标与其他指标灰色关联度越高，指标在该指标体系中的重要程度越高的原则，根据公式（3-2）和公式（3-3），得到该决策矩阵各指标的权重向量 W。

步骤 2　利用线性变换方法，进一步得到加权决策矩阵 T 为：

$$T=t_{ij}\times m\times n=\begin{bmatrix} 0 & 0.333 & 0.267 & 0.533 & 0.067 \\ 0 & 0.500 & 0.650 & 0.450 & 0.100 \\ 0 & 0.963 & 2.315 & 1.127 & 0.290 \\ 0 & 1.053 & 1.400 & 0.095 & 0.653 \\ 0 & 1.286 & 1.114 & 0.629 & 0.457 \\ 0 & 0 & 0.400 & 0.200 & 0.600 \\ 0 & 1 & 0.100 & 0.300 & 1.600 \\ 0 & 1.003 & 1.401 & 0.208 & 0.600 \\ 0 & 0.993 & 1.409 & 0.204 & 0.584 \\ 0 & 1 & 1.400 & 0.200 & 0.600 \\ 0 & 0.925 & 1.316 & 0.106 & 0.700 \\ 0 & 0.750 & 1.900 & 0.800 & 2.100 \\ 0 & 1.143 & 1.400 & 0.514 & 0.886 \\ 0 & 1.100 & 1.900 & 0.900 & 0.400 \\ 0 & 1.046 & 1.619 & 0.491 & 0.295 \\ 0 & 1.215 & 1.449 & 0.485 & 0.308 \\ 0 & 1 & 2.400 & 0.200 & 0.400 \\ 0 & 1.200 & 1 & 0 & 1.400 \\ 0 & 1.667 & 1.900 & 0.133 & 0.267 \\ 0 & 1.111 & 1.622 & 0.644 & 0.267 \end{bmatrix} \qquad (3\text{-}8)$$

步骤 **3**　由于本报告所选取的 21 个指标都为效益型指标，因此在加权决策矩阵中选取每个指标对应的极大值构成正加权理想解 M^+，每个指标对应的极小值构成负加权理想解 M^- 为：

$$M^+=(0.533，0.650，\cdots，1.622)$$

$$M^-=(0.000，0.000，\cdots，0.000)$$

步骤 **4**　根据公式（3-4），计算各项目与正、负加权理想解的距离为：

$$D^+=(0.275，0.329，0.379，0.750，0.775)^T$$

$$D^-=(0.693，0.721，0.535，0.158，0.092)^T$$

并计算得出正、负加权理想解的距离 $D=0.639$。

步骤 **5**　根据公式（3-5），计算各方案与正、负理想解的综合距离分别为 $D_A=0.573$，$D_B=0.739$，$D_C=0.756$，$D_D=0.694$，$D_E=0.506$。其中，p 取 0.5。根据 D_i 值越大则方案越优的原则，得到电网建设项目的实施序列为，项目 C＞项目 B＞项目 D＞项目 A＞项目 E，该方法在电网建设项目排序决策方面具有可行性和有效性。该方法具有两个优点：①计算过程简单，结果一致。②加权 Kaufmann 相较于传统的欧几里得距离、Hamming 距离拓展到加权 Kaufmann 距离，既适用于确定数之间、模糊数之间、模糊数与确定数之间的距离计算。因此，该方法也可以解决电网建设项目排序决策研究中数据结构不明确的排序问题。

项目实施时序模型构建的前提条件是基于专业项目评审人员对每个排序项目做出科学客观的评价结果，然后采用改进的 GRA-TOPSIS 模型进一步挖掘评价结果数据之间的多维关联性，得出每个项目的所有关联性的重要程度，进而进行排序得到项目实施时序。因此，项目实施时序模型的适用性和精确度需要做好项目关联论证工作，从项目储备源头积极开展关联论证，适时、适机介入各专项储备，结合各专业分类、分级评分结果，打破专业壁垒。开展专项内、专项间关联论证，联合会审和优化排序，形成关联重大项目集群优先给予计划安排的先决条件。提高项目执行效率，同步发挥整体效益，杜绝建设时序关联项目遗漏储备、雷同项目重复投资等现象，确保需求建议规模与投资能力、企业经营状况相匹配，实现精准有效计划安排。

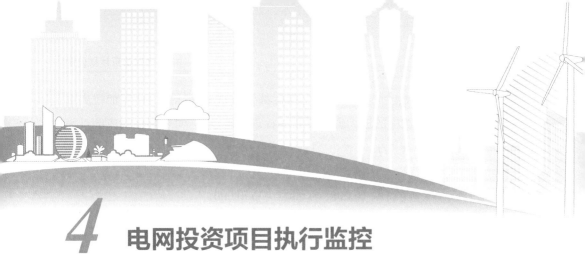

4 电网投资项目执行监控

本章节重点围绕三个方面开展电网投资项目执行监控研究，通过构建项目全过程监控预警模型。在项目全过程监控指标体系的基础上，抽取关键节点指标量化，通过正态分布理论设计预警区间，进行单体项目的预警分析。依托统计数据核心，以数据监测分析体系为依托，全面了解、准确把握项目执行风险，高效排查问题隐患，进一步提升企业投资项目管理水平，支撑企业和电网高质量发展。

4.1 项目全过程监控预警模型构建

4.1.1 项目全过程监控指标体系构建

1. 电网发展投入项目全过程监控指标维度

基于项目生命周期理论，同时针对电网企业的独特性与项目的复杂性，可将电网项目基础流程进度划分为项目计划、项目执行、项目收尾三个阶段。全面考虑项目资源使用调度，如投资控制规模、资金使用、物资使用等，以及关系项目落实情况的建设进度，如投资进度、资金进度、物资进度、具体建设进度等，从时间节点、建设进度、投资事件、资金事件这四个维度构建项目全过程监控体系。在具体的指标体系建立过程中，则应当按照项目的整个流程去执行，以保证相关监控指标体系的合理可行。项目全过程流程图如图 4-1 所示。

图 4-1　项目全过程流程图

即在流程控制层面，应当按照项目计划、项目执行、项目收尾这三个不同阶段对项目运行的不同时期进行基本区分，从而有助于实现项目的闭环管理。在此基础上，则可参考电网项目管理办法，进一步细分每个不同的项目阶段，如图 4-1 所示：在项目计划阶段需要计划、初设、预算等；在项目执行阶段需要进行招标、开工、建设等实际执行；在项目收尾阶段需要进行竣工结算、项目投产、财务决算、项目关闭处理等。在管理办法规定的上述项目具体阶段可分别考虑在本节中提炼出电网项目执行流程的共性特征体系，即四个监控维度，具体包括时间节点、建设事件、投资事件、资金事件。最后，在足够细分的监控范畴内，可针对各个项目类别的具体情况具体分析，有针对性地提出相关的具体指标。基础的指标体系框架如表 4-1 所示。

表 4-1　　　　　　　　　　项目全过程监控指标体系框架

一级指标 （流程控制层）	二级指标 （业务准则层）	三级指标 （监控维度层）	四级指标 （具体指标层）
项目计划 项目执行 项目收尾	计划阶段 初设阶段 预算阶段 招标阶段 开工阶段 建设阶段 竣工阶段 投产阶段 决算阶段 …	时间事件 投资事件 建设事件 资金事件 …	综合计划下达时间 初设线路长度 项目预算金额 招标总金额 实际投产时间 财务决算金额 …

此外，值得注意的是，电网项目虽然复杂多样，但不同的项目之间存在主

从关系。整体上，电网项目以电网基建项目为主体，其余的衍生项目服务于主体基建项目，有维护提升电网基建性能的生产技改、生产大修、小型基建、生产辅助技改和大修项目，以及维护提升电网企业运行效率的固定资产零购、营销投入、教育培训、信息化建设等这些辅助项目。根据各个类型项目管理办法的规定，不同类型项目之间大部分的是共性指标，但往往也有一些特征性较高的个性化指标，难以融入通用指标体系。这些个性化指标的存在要求我们在通用指标体系的基础上，对于不同的项目类型给出不同的指标体系。

2. 电网发展投入项目全过程监控指标体系

综合上述分析，基于项目全生命周期理论，全面分析电网发展投入项目的执行全过程，同时参考电网项目现行的监控指标体系，以电网基建项目为主体建立通用项目监控指标体系。电网基建项目指标的数据来源在指标体系中列出，有为数不少的指标在目前的监控体系中没有对应的数据获取通道，需要后续进一步完善监控措施，以获取合理的数据。后续的指标体系中不再列出相应的数据来源，其数据来源可参考电网基建项目获取，如表 4-2 所示。

表 4-2　　　　　　　　　电网基建项目全过程监控指标体系

流程控制层	业务准则层	监控维度层	具体指标层
项目计划	计划	时间节点	综合计划下达时间
		投资事件	综合计划下达投资额
	初设	时间节点	初设批复时间
		建设事件	初设线路长度
			初设变电容量
		投资事件	初设批复投资额
	预算	时间节点	预算通过时间
		投资事件	项目预算金额
项目执行	招标	时间节点	实际招标时间
		投资事件	招标总金额
	开工	时间节点	实际开工时间
		建设事件	实际线路长度
			实际变电容量
	建设	投资事件	自开建累计完成投资额
		建设事件	土建形象进度比例
			安装进度节点完成率
			设备安装工程结束时间

流程控制层	业务准则层	监控维度层	具体指标层
项目完成	竣工	时间节点	实际竣工时间
			竣工结算时间
		资金事件	竣工结算金额
	投产	时间节点	实际投产时间
		建设事件	实际投产线路长度
			实际投产变电容量
	决算	时间节点	财务决算时间
			项目转资时间
		资金事件	财务决算金额
			新增固定资产

4.1.2　项目全过程监控预警模型构建

项目全过程预警模型是基于上述构建的项目全过程监控指标体系，选取关键节点的核心指标，量化指标分析项目运行风险状况并以此为基准确定风险强弱等级。依据预警模型，可在项目尚未完成，指标尚未有切实数据的情况下根据以往监控指标的观测数据及预设的预警区间了解项目运行的情况与风险水平，并针对不同风险水平的项目采取不同的相应对策，以期获得预期的项目收益与效果。考虑数据的可得性，本文重点从时间节点分析项目执行进度数据，以期找到项目建设的合理周期。

1. 基于正态分布的预警模型构建

考虑电网企业综合计划实施项目均经过严格的立项评审，具有严谨的项目管理规范，历史同类项目的执行流程具有可聚类性和可对比性，认为综合计划实施项目服从正态分布，与正态分布的差异即为偏差，需要进行预警分析。因此，构建基于正态分布理论的项目全过程监控预警模型，对各类项目的关键节点进行正态分布分析，同时考虑电网项目专业性较强，难以直接使用正态分布的常规特性，因此对正态分布理论进行必要的修正：

（1）时间数据二次量化。项目全过程时间流程数据难以直接进行比较，必须将时间数据二次量化，实现不同项目数据之间的分布比较分析。

（2）引入多维判断标准。单纯依赖均值和方差分析难以深入挖掘出电网项目的特性，因此增加中位数、众数、偏度、峰度等分布特征值，多维度分析项目关键节点的合理性区间和偏差。

基于正态分布的项目全过程监控预警模型的理论步骤如下：

第一步：项目时间节点的一次量化。

选取所有项目都具备的两个时间节点作为基准。定义项目开工时间为 0，项目关闭时间为 1，其余的时间节点数据以项目执行时间作相应的线性变换。变换方程式为：

$$\text{标准化时间节点} = \frac{\text{当前节点时间数据} - \text{项目开工时间}}{\text{项目执行时间}} \tag{4-1}$$

第二步：项目时间节点的二次量化。

一次量化得到的数据仍然存在着大量的样本偏离特性，因此需要对统一尺度的数据进行二次量化以期获得更好的数据质量。二次量化通常采用距离策略，即对于某个监测数据样本 x，计算每一个点到该样本中其他所有点之间的距离，生成关于该监测数据样本集的距离矩阵 D 为：

$$D = \begin{pmatrix} d_{11} & \cdots & d_{1n} \\ \vdots & \ddots & \vdots \\ d_{n1} & \cdots & d_{nn} \end{pmatrix} \tag{4-2}$$

式中：分量 d_{ij} 表示第 i 个样本点与第 j 个样本点之间的欧几里得距离，因为样本数据为简单一维数据（形象进度），因此该距离可简单写成公式为：

$$d_{ij} = \text{dist}(x_i, x_j) = |x_i - x_j| \tag{4-3}$$

对于样本中的某一个点，定义该样本点 x_i 与样本整体的一个契合度 A_i，为其到样本中所有其他点的距离和的倒数公式为：

$$A_i = \frac{1}{\sum_j^n d_{ij}} = \frac{1}{d_{i1} + d_{i2} + \cdots + d_{in}} \tag{4-4}$$

即样本点 x_i 的契合度 A_i 越大，说明样本越靠近样本均值，样本点出现在该处的概率越高。

第三步：数据模拟分析要点。

以第二步确定的项目计划尺度作为基准，第三步获得的项目推进过程中的各个计划时间节点作为参考，分析项目实际执行过程中的各个节点监控数据，给出不同预警等级的预警区间。考虑实践中样本数据多表现为偏态分布。因此，除样本均值 μ 外，必须分析样本众数（mode），样本中位数（median），样本偏度（skewness）和样本峰度（kurtosis）。其中，样本众数定义为统计样本中出现最多的样本点，样本中位数定义为统计样本排序后处于中心的样本点，样本偏度系数定义为样本数据三阶矩，样本峰度定义为样本数据四阶矩。

第四步：预警模型的建立。

在量化和归一化项目关键节点计划时间和实际时间后，通过比较分析差异，设置预警区间，进行预警分析。对于某个监测数据的预警模型，可通过历史数据分布设定不同的阈值来确定各自的预警区间。在实践中，可以设定 30%、20%、10% 的分级预警区间。如 30% 预警区间表示对于该监测数据 x 的样本集，有 30% 的样本点离散地分布在偏离样本均值的不合理区域。换言之，对于落在该 30% 预警区间的监测数据是应当实行预警机制的，可称其为"三级预警区域"。而对于 20% 的预警区间，落在该范围内的监测数据偏离样本均值更远，应当施行更高层次的预警机制，称为"二级预警区域"。以此类推，10% 预警区间称为"一级预警区域"。

2．项目全过程监控预警区间设置

主网项目预警模型：主网项目全过程主要包括 5 个关键节点，分别为物资招标、项目开工、物资领料、项目投产、项目关闭。设定项目时间尺度为 0～1 之间，即项目开工时间为 0，项目关闭时间为 1，通过项目在各个时间进度的分布，得到主网项目关键节点均值分析和主网项目合理分布节点如表4-3、表4-4所示。

表 4-3　　　　　　　　　主网项目关键节点均值分析

均值分类	物资招标	项目开工	物资领料	项目投产	项目关闭	项目周期
计划均值	−0.3313	0	−0.1278	1	1	1.3313
实际均值	−0.6175	−0.4169	−1.1211	0.7075	0.2671	0.8845

表 4-4　　　　　　　　　主网项目合理分布节点分析

主网项目	物资招标合理时间	物资领料合理时间
均值	−0.3313	−0.1278
众数	−0.7418	0
中位数	−0.2322	−0.0116
偏度系数	0.2609	2.0055
峰度系数	1.6898	6.2963
30% 预警区间	（−0.7418,0.1108）	（−0.2003,0.0654）
20% 预警区间	（−0.7418,0.1108）	（−0.2500,0.0953）
10% 预警区间	（−0.9271,0.2938）	（−0.2729,0.1128）

由表 4-3 可知，项目实际周期为 88.5%（项目关闭时间—物资招标时间），项目计划周期为 133.1%（项目关闭时间—物资招标时间），项目实际周期为项目计划周期的 66.4%。进一步对主网项目的重要监控节点进行均值分析，项目计划均值数据除物资领料时间外，其余节点均符合项目规范要求，物资领料由于贯穿项目实施整个过程中，所以难以确定一个准确时间点，认为在项目实施过程中发生的物资领料皆为合理，不需要预警。主网项目实际均值中，物资领料时间早于物资招标时间，项目关闭早于项目投产，不符合项目管理规范要求，因此剔除物资领料时间和项目关闭时间，用计划时间替代；其余关键节点基本符合项目实际执行流程。

配电网项目预警模型：配电网项目全过程主要包括 4 个重要节点，分别为项目开工、物资领料、项目投产、项目关闭。设定项目时间尺度为 0 ～ 1 之间，假设项目开工时间为 0，项目关闭时间为 1，进行项目在各个时间进度的分布图分析，配电网项目关键节点均值分析如表 4-5 所示，配电网项目合理节点分析如表 4-6 所示。

表 4-5　　　　　　　　　　　配电网项目关键节点均值分析

均值分类	项目开工时间	物资领料时间	项目投产时间	项目关闭时间	项目周期
计划均值	0	−0.0469	0.1961	1	1
实际均值	−0.2361	0.5493	0.3746	1.0945	1.3306

表 4-6　　　　　　　　　　　配电网项目合理节点分析

配电网项目	物资领料合理时间	项目投产合理时间
均值	−0.0469	0.1961
众数	0	0.1402
中位数	0	0.1402
偏度系数	1.8087	0.2676
峰度系数	5.6170	1.5735
30% 预警区间	（−0.2009,0.1364）	（0,0.2795）
20% 预警区间	（−0.3261,0.2966）	（N.A.,0.3980）
10% 预警区间	（−0.6843,0.6926）	（N.A.,0.4544）

综合上述配电网项目的重要监控节点的时间数据，进行均值分析。项目计划均值数据除物资领料时间外，其余节点符合项目规范要求，物资领料由于贯

穿项目实施整个过程，所以难以确定一个准确时间点，认为在项目实施过程中发生的物资领料皆为合理，不需要预警。项目实际均值数据中，物资领料和项目投产时间总体较为合理，项目开工时间较项目计划提前23.61%，项目关闭时间较项目计划推迟9.45%，项目实际建设时间为133.1%[1.0945-（-0.2361）]，高于项目计划的建设时间33.1%，期间差距主要来自开工时间超前23.6%，以及关闭时间推迟9.5%。

3. 甲省电网企业项目监控预警实证分析

主网项目：对于主网项目，选取如下单体A项目，并量化其流程数据，A项目流程数据预警表如表4-7所示。

表 4-7　　　　　　　　A 项目流程数据预警表

指标分类	物资招标日期	项目开工日期	物资领料日期	项目投产日期	项目关闭日期
计划时间	2018/2/20	2018/5/20	2018/7/21	2018/12/30	2018/12/31
实际时间	2018/2/25	2018/6/9	2018/7/9	2019/1/22	2019/1/23
量化计划时间	-0.2774	0	0.4774	1	1
量化实际时间	-0.3100	0	0.4012	1	1
预警点	-0.3313	0	-0.1278	1	1

从预警模型的点预警角度分析，A项目物资招标实际时间（-0.3100）处于物资招标计划时间（-0.2774）和物资招标合理时间（-0.3313）之间，表明A项目的物资招标实际时间较自身计划提前，但晚于历史水平。A项目物资领料实际时间（0.4012）处于物资领料计划时间（0.4774）和物资领料合理时间（-0.1278）之间，表明该项目的物资领料实际时间较自身计划提前，但晚于历史水平。

预警模型的点预警能直观判断单体项目执行流程是否存在偏差，但偏差是否需要预警及预警的界限，需要进一步通过历史数据模拟的预警区间进行判断，可得到主网预警区间，A项目物资招标与物资领料数据预警表如表4-8所示。

表 4-8　　　　　　A 项目物资招标与物资领料数据预警表

指标分类	物资招标合理时间	物资领料合理时间
均值	-0.3313	-0.1278
众数	-0.7418	0
中位数	-0.2322	-0.0116

续表

指标分类	物资招标合理时间	物资领料合理时间
偏度系数	0.2609	2.0055
峰度系数	1.6898	6.2963
30%预警区间	(-0.7418,0.1108)	(-0.2003,0.0654)
20%预警区间	(-0.7418,0.1108)	(-0.2500,0.0953)
10%预警区间	(-0.9271,0.2938)	(-0.2729,0.1128)

从预警模型的区间预警角度分析，对于物资招标时间，A 项目数据（-0.3100）为处于物资招标计划时间均值（-0.3313）和中位数（-0.2322）之间，即超前于多数项目的计划时间，且 A 项目处于 30% 预警区间之外，即 A 项目在该指标上基本符合历史数据的执行情况，不需要预警。对于物资领料时间，A 项目（0.4012）处在物资领料计划时间均值（-0.1278）和中位数（-0.0116）右侧，即滞后于多数项目的计划时间，且 A 项目物资领料时间处于 10% 预警区间（0.4012＞0.11278），需要执行一级预警。

配电网项目：对于配电网项目，选取如下单体 B 项目，并量化其流程数据，B 项目流程数据预警表如表 4-9 所示。

表 4-9　　　　　　　　　　　　B 项目流程数据预警表

指标分类	项目开工日期	物资领料日期	项目投产日期	项目关闭日期
计划时间	2019/4/10	2019/4/11	2019/11/29	2019/11/29
实际时间	2019/6/10	2019/5/25	2019/12/2	2019/12/8
量化计划时间	0	0.0085	1	1
量化实际时间	0	-0.0812	0.9695	1
预警点	0	-0.0469	0.1961	1

从预警模型的点预警角度分析，B 项目物资领料实际时间（-0.0812）位于物资领料计划时间（0.0085）和物资领料合理时间（-0.0469）的左侧，表明 B 项目的物资领料实际时间较自身计划提前，且提前于历史水平。B 项目投产实际时间（0.9695）处于物资招标计划时间（1）和物资招标合理时间（0.1961）之间，表明 B 项目的物资招标实际时间较自身计划滞后，但提前于历史水平。

预警模型的点预警能直观判断单体项目执行流程是否存在偏差，但偏差是否需要预警及预警的界限，需要进一步通过历史数据模拟的预警区间进行判断，可得到配电网预警区间，B 项目物料领取和项目投产预警表如表 4-10 所示。

表 4-10　　　　　　　　　B 项目物料领取和项目投产预警表

配电网项目	物资领料合理时间	项目投产合理时间
均值	-0.0469	0.1961
众数	0	0.1402
中位数	0	0.1402
偏度系数	1.8087	0.2676
峰度系数	5.6170	1.5735
30% 预警区间	（-0.2009,0.1364）	（0,0.2795）
20% 预警区间	（-0.3261,0.2966）	（N.A.,0.3980）
10% 预警区间	（-0.6843,0.6926）	（N.A.,0.4544）

从预警模型的区间预警角度分析，对于物资领料时间，B 项目（-0.0812）处在物资领料计划时间均值（-0.0469）和中位数（0）的左侧，即提前于多数项目的计划时间，且 B 项目物资领料实际时间处于 30% 预警区间之外，即 B 项目在该指标上基本符合历史数据的执行情况，不需要预警。对于项目投产时间，B 项目数据（0.9695）为处于项目投产计划时间均值（0.1961）和中位数（0.1402）的右侧，即滞后于多数项目的计划时间，且 B 项目投产实际时间处于 10% 预警区间（0.9695＞0.4544），需要执行一级预警。

但预警模型设置项目开工时间为 0，项目关闭时间为 1，则默认项目开工时间和项目关闭时间是合理的，因此难以通过预警模型的点预警和区间预警进行偏差分析，有必要在项目实际执行过程中，通过单体项目的实际执行时间和计划执行时间进行具体的偏差分析。

4.2　电网基建项目数据监测分析体系构建

为实现电网基建项目全过程统计监督，提升企业精益化管控水平，企业发展部全面拓展投资统计指标体系和工作领域，创新提出纵横一体的电网基建项目数据监测分析体系如图 4-2 所示。

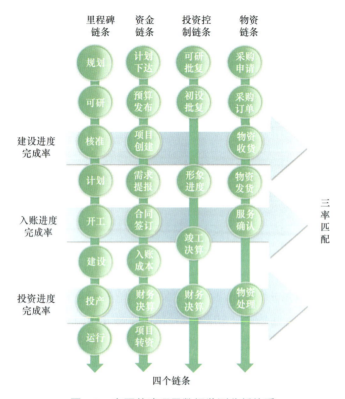

图 4-2　电网基建项目数据监测分析体系

纵向主要开展"四个链条"指标监测分析（里程碑链条、资金链条、投资控制链条和物资链条），旨在依据项目管理要求，在不同链条的关键节点，设置关键指标校核规则，逐链条纵向分析电网基建项目投资全过程执行情况，及时发现异常问题。

横向主要开展建设进度、投资进度和入账进度的匹配监测分析，考虑"四个链条"核心指标间的业务逻辑关系，将"四个链条"进行相互关联，链条间横向交叉分析不同时间截面上的项目执行过程。"三率曲线"匹配分析是对"四个链条"分析的完善和加强，二者一横一纵，紧密衔接，形成覆盖全面、节点合理、规则严谨的"三横四纵"网格结构，全方位、多角度扫描、监督项目执行全过程。

4.2.1　"四个链条"监测

以电网基建项目管理全过程统计监督为立足点，从里程碑、资金、投资控制、物资四个方面，全面监控项目前期、计划、工程前期、招标、工程开工、资金发生、项目投产等各个阶段中关键节点的状态，实现项目投资统计的全过程精细化管理。

1. 里程碑链条

里程碑链条反映项目里程碑进度情况，包含规划、可研、核准、计划、开工、建设、投产、运行 8 个关键节点，里程碑链条节点设置如表 4-11 所示。

表 4-11　　　　　　　　　　　里程碑链条节点设置

规划	可研	核准	计划	开工	建设	投产	运行
规划线路长度	可研批复时间	核准时间	计划开工时间	实际开工时间	变电土建施工进度	实际投产时间	PMS 系统主变压器设备名称
规划变电容量	可研线路长度	核准线路长度	计划开工线路长度	开工线路长度	变电设备安装进度	投产线路长度	PMS 系统主变压器设备编码
规划投产时间	可研变电容量	核准变电容量	计划开工变电容量	开工变电容量	变电设备调试进度	投产变电容量	PMS 系统主变压器设备状态
					线路基础开挖进度		PMS 系统线路名称
					线路基础浇筑进度		PMS 系统线路编码
					线路杆塔工程进度		PMS 系统线路设备状态
					线路架线工程进度		EMS 系统主变压器设备名称
					电缆通道进度		EMS 系统主变压器高压侧有功
					电缆敷设进度		EMS 系统线路名称
					电缆调试进度		EMS 系统线路有功

2. 资金链条

资金链条反映项目预算消耗、财务入账进度情况，包含计划下达、预算发布、项目创建、需求提报、合同签订、入账成本、决算、转资 8 个关键节点，如表 4-12 所示。

表 4-12 资金链条节点设置

计划下达	预算发布	项目创建	需求提报	合同签订	入账成本	决算	转资
累计下达计划	项目总体预算	ERP项目编码	自开始建设累计需求提报金额	自开始建设累计合同签订金额（不含税）	自开始建设累计入账成本	决算总金额	项目累计转资金额
本年下达计划	累计发布预算		自开始建设物资类累计需求提报金额	自开始建设物资类累计合同签订金额（不含税）	自开始建设累计入账成本——建筑工程费	项目决算时间	项目转资日期
	本年发布预算		自开始建设服务类累计需求提报金额	自开始建设服务类累计合同签订金额（不含税）	自开始建设累计入账成本——安装工程费		
			本年累计需求提报金额	本年合同签订金额（不含税）	自开始建设累计入账成本——设备购置费		
			本年物资类需求提报金额	本年物资类合同签订金额（不含税）	自开始建设累计入账成本——其他费用		
			本年服务类需求提报金额	本年服务类合同签订金额（不含税）	自开始建设物资类累计入账成本		
					自开始建设非物资类累计入账成本		
					本年入账成本		
					本年累计入账成本——建筑工程费		
					本年累计入账成本——安装工程费		
					本年累计入账成本——设备购置费		
					本年累计入账成本——其他费用		
					本年物资类累计入账成本		
					本年非物资类累计入账成本		

3．投资控制链条

投资控制链条反映项目投资完成、造价控制进度情况，包含可研批复、初设批复、形象进度、竣工结算、财务决算 5 个关键节点，投资控制链条节点设置表如表 4-13 所示。

表 4-13　　　　　　　　　　　投资控制链条节点设置表

可研批复	初设批复	形象进度	竣工结算	财务决算
可研批复总投资（动态）	初设批复总投资（动态）	自开工累计完成投资	竣工结算总投资（动态）	财务决算时间
可研批复总投资（静态）	初设批复总投资（静态）	本年累计完成投资	竣工结算总投资（静态）	财务决算金额
建筑工程费（可研）	建筑工程费（初设）	"建筑工程费"参考值	建筑工程费（结算）	
安装工程费（可研）	安装工程费（初设）	"安装工程费"参考值	安装工程费（结算）	
设备购置费（可研）	设备购置费（初设）	"设备购置费"参考值	设备购置费（结算）	
其他费用（可研）	其他费用（初设）	"其他费用"参考值	其他费用（结算）	
建设场地征用及清理费（可研）	建设场地征用及清理费（初设）	其中：建设场地征用及清理费	其中：建设场地征用及清理费	

4．物资链条

物资链条反映项目物资设备、服务招标进度情况，包含采购申请、采购订单、物资收货、物资发货、服务确认、物资处理 6 个关键节点，物资链条节点设置表如表 4-14 所示。

表 4-14　　　　　　　　　　　物资链条节点设置表

采购申请	采购订单	物资收货	物资发货	服务确认	物资处理
自开始建设累计需求提报金额	自开始建设累计合同签订金（含税）	自开始建设累计物资收货金额	自开始建设累计物资发货金额	自开始建设累计服务确认金额	退料设备总金额
自开始建设物资类累计需求提报金额	自开始建设物资类累计合同签订金额（含税）	本年物资收货金额	本年物资发货金额	本年服务确认金额	
自开始建设服务类累计需求提报金额	自开始建设服务类累计合同签订金额（含税）				
本年累计需求提报金额	本年合同签订金额（含税）				

续表

采购申请	采购订单	物资收货	物资发货	服务确认	物资处理
本年物资类需求提报金额	本年物资类合同签订金额（含税）				
本年服务类需求提报金额	本年服务类合同签订金额（含税）				

4.2.2　曲线监测

曲线包括 7 条进度曲线，即建设进度、投资进度、入账进度 3 条理论曲线，3 条实际曲线，1 条投资采集值曲线。"三率曲线"监测采用数据融合和大数据分析技术，全面梳理"四个链条"之间的逻辑关系，融合电网基建项目建设进度完成率、投资进度完成率与入账进度完成率，形成进度曲线，通过研究设定合理的曲线偏差阈值，以动态偏差预警为手段强化项目过程管控。"三率曲线"匹配分析思路如图 4-3 所示。

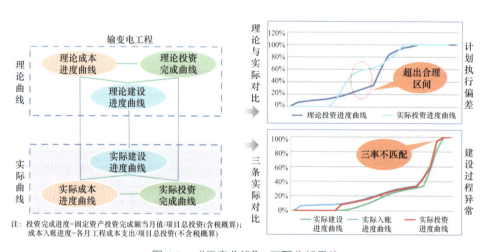

注：投资完成进度=固定资产投资完成额当月值/项目总投资(含税概算)；
　　成本入账进度=各月工程成本支出/项目总投资(不含税概算)

图 4-3　"三率曲线" 匹配分析思路

曲线匹配程度反映各业务部门的协同管理水平和项目精准管控能力，侧面体现人、财、物等资源的合理配置水平。实际进度曲线与理论进度曲线的匹配程度反映电网基建项目计划执行偏差情况，三条实际进度曲线之间的匹配程度反映项目建设过程异常情况。标准理论曲线图示如图 4-4 所示。

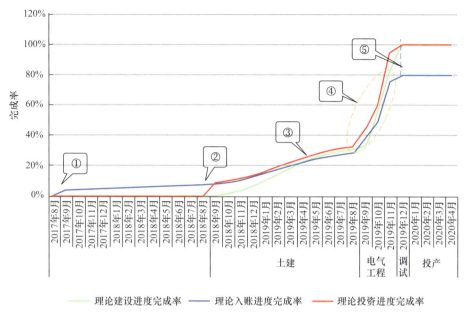

图 4-4　标准的变电工程理论曲线图示

（1）理论入账进度曲线因体现工程前期费用成本确认情况，其发生时间（曲线起点）早于工程开工时点。

（2）理论投资进度曲线、理论建设进度曲线起点与工程开工时点一致。

（3）建设过程中，三条理论曲线趋势基本一致。

（4）受设备造价占比高且集中到货影响，通常在电气安装开始后，三条理论曲线出现陡增。

（5）项目投产后，因存在税金和决算较概算结余影响，理论入账进度曲线低于理论建设进度曲线和理论投资进度曲线。

1．建设进度曲线

建设进度曲线包括理论建设进度曲线和实际建设进度曲线。

（1）理论建设进度曲线以建设部门编制的施工进度计划为依据，通过设定电网基建项目进度计算规则，将实物工程量完成率的计划推进状态转变为理论建设进度曲线，作为建设进度计划完成情况的分析基准。

输变电工程各月理论建设进度完成率

=∑（变电单位工程各月理论建设进度完成率 × 各单位工程权重）

$+\sum$（线路单位工程各月理论建设进度完成率 × 各单位工程权重） （4-5）

其中，单位工程各月理论建设进度完成率

$=\sum$（单位工程各月累计计划工期 / 单位工程计划总工期） （4-6）

（2）实际建设进度曲线以电网基建项目的实际建设进度为依据，通过设定电网基建项目进度计算规则，将实物工程量完成率转化实际建设进度曲线，以此反映电网基建项目实际建设进度状态。

输变电工程实际建设进度完成率

$=\sum$（变电单位工程实际建设进度完成率 × 各单位工程权重）

$+\sum$（线路单位工程实际建设进度完成率 × 各单位工程权重） （4-7）

其中，单位工程实际建设进度完成率

$=\sum$（单位工程实际完工工程量 / 单位工程总工程量） （4-8）

2. 投资进度曲线

投资进度曲线包括理论投资进度曲线、实际投资进度曲线和投资采集值曲线。

（1）理论投资进度曲线以电网基建项目初设概算和里程碑计划为依据，通过建立单体工程与里程碑计划的对应关系，将项目概算投资完成率的计划推进情况转化为理论投资进度曲线，作为电网基建项目概算总投资完成情况的分析依据。

建筑工程：根据建筑工程各单位工程土建阶段分月进度计划完工百分比乘以相应概算得到的建筑工程的分月理论投资完成额。

安装工程：根据安装工程各单位工程分月进度计划完工百分比乘以相应概算得到安装工程的分月理论投资完成额。

设备购置：需要安装的设备在正式开始安装的计划月份一次性计入设备购置理论投资完成额。

其他费用：项目开工前发生的其他费用在计划开工月份一次性计入当月理论投资完成额，项目开工后发生的其他费用根据电网项目建设进度按月分摊计入各月理论投资完成额。

（2）实际投资进度曲线以统计人员填报的投资完成为依据，将项目概算投资实际完成率为实际投资进度曲线，以此反映电网基建项目实际投资完成情况。

电网基建项目投资完成填报原则如下：

建筑工程：根据建筑工程各单位工程实际完工百分比乘以相应概算得到的建筑工程的实际投资完成额。

安装工程：根据安装工程各单位工程实际完工百分比乘以相应概算得到安装工程的实际投资完成额。

设备购置：需要安装的设备在正式开始安装时，一次性计入设备购置实际投资完成额。

其他费用：项目开工前发生的其他费用在开工月份一次性计入实际投资完成额，项目开工后发生的其他费用按实际发生情况计入实际投资完成额。

（3）投资采集值曲线以电网基建项目初设概算和实际建设进度为依据，将项目概算投资实际完成率转化为投资采集值曲线，以此反映电网基建项目实际投资完成情况。

投资采集值计算原则与实际投资完成填报原则一致。

3．入账进度曲线

入账进度曲线包括理论入账进度曲线和实际入账进度曲线。

（1）理论入账进度曲线以电网基建项目初设概算和里程碑计划为依据，通过设定电网项目成本分摊规则，将分月累计分摊入账成本占项目概算投资比例转化为理论入账进度曲线，作为电网基建项目入账进度情况的分析依据。

建筑工程、安装工程、设备购置分摊规则与理论投资进度曲线一致，具体分摊额按照扣除税金和合理结余后的概算投资计算。

其他费用：项目工程前期费用确认后一次性计入其他费用成本，其余其他费用根据电网项目建设进度按月分摊计入其他费用成本。

（2）实际入账进度曲线以实际发生成本费用占概算总投资的百分比来表示电网项目建设进展情况，将入账进度完成率转化为实际入账进度曲线，以此反映电网基建项目实际成本入账进度完成情况。

建筑工程：根据建筑工程各单位工程实际完工进度计列建筑工程成本。

安装工程：根据安装工程各单位工程实际完工进度计列安装工程成本。

设备购置：需要安装的设备在正式开始安装以后，一次性计入设备购置成本。

其他费用：根据 ERP 中实际服务确认为准，一次性计入成本入账。

4.2.3　动态预警监测

本节从上述电网基建项目数据监测分析纵向"四个链条"、横向"三率曲线"体系结构出发,以项目执行全过程数据指标为基础,由点及面,建立动态预警监测机制,全方位、多角度校验各电压等级电网基建项目数据及业务间的逻辑关系,及时发现异常,预警投资执行风险。

1. 动态预警机制

以项目执行全过程数据指标为基础,从管理业务现状出发,通过建立电网基建项目管理相关专业协同配合、分工界面明确的投资执行风险动态预警机制,重点监控诱发风险程度高的监测指标,实现对项目的实时管控。

动态预警机制依托数据监测分析体系建设成果,按业务需求建立监测指标体系,贯穿项目执行全过程,动态预警机制如图 4-5 所示。

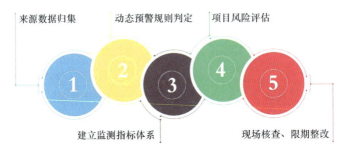

图 4-5　动态预警机制

2. 监测指标体系

电网基建项目数据监测分析体系覆盖了电网基建项目从规划到投运全过程,其具体实施的载体就是"三率曲线"监测指标体系,主要分为数据层、模型层和应用层三个层级。主要监测指标层级如图 4-6 所示。

图 4-6　主要监测指标层级

（1）数据层指标解决了有没有数据、数据准不准的问题，来源于"四个链条"，是"三率曲线"生成的基础，包括重点字段完整率、项目匹配率、单项匹配率、概算解析告警、施工进度计划完整率、投产项目设备匹配率、数据推送及时率、项目建项率等。

数据层指标所涉及数据和来源系统如表4-15所示。

表 4-15 　　　　　　　　　　　监 测 指 标 数 据 来 源

专业	涉及数据	数据来源
发展	投资计划、项目实际开工、投产时间、总投资、投资完成值、投资完成采集值、建设进度、入账进度、投资进度、预算、需求提报、合同签订、成本入账、合同签订、物料领用、资金支出等	规划计划管理信息平台、基建管理系统、ERP
基建	里程碑计划、施工进度计划、分部分项工程实际建设进度、开工时间、初设总投资、四项费用、建设规模等	规划计划管理信息平台、基建管理系统
设备	项目初设总投资、初设审批时间、配电变压器台数、配电变压器容量、线路长度、单项初设总投资、计划开工时间、实际开工时间、实际竣工时间、单项配电变压器台数、单项配电变压器容量、单项线路长度等	PMS
调度	项目投产设备数据、新投设备调度投运时间等	规划计划管理信息平台、调控云
物资	物资领料（退料）金额、物资领料（退料）数量、物资领料（退料）规模等	ERP
互联网	在建项目现场视频图像等	统一视频中心

（2）模型层指标通过"三率"算法模型，反映数据经模型加工生成"三率曲线"间的匹配程度，包括建设进度曲线异常、入账进度曲线异常、投资完成采集值校验预警等。

（3）应用层指标通过指标监测预警的形式，直接反映业务问题，量化投资执行中的问题，主要包括疑似多报（少报）投资、疑似超期、连续多月无建设进展、物资领用疑似不规范、设备投运偏差告警等。

各层级中，数据层指标主要针对基础数据，模型层及应用层指标主要针对管理业务。

基础数据指标：各专业基础数据监测指标如图4-7所示。

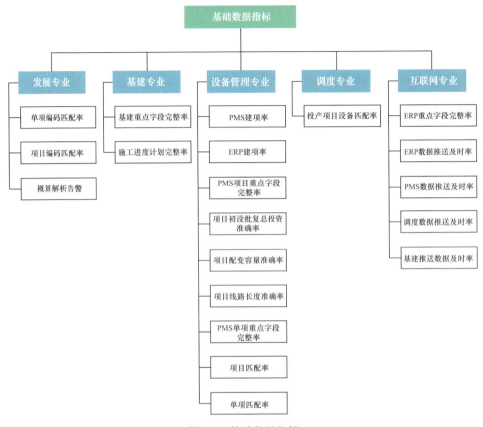

图 4-7 基础数据指标

管理业务指标：各专业管理业务监测预警指标如图 4-8 所示。

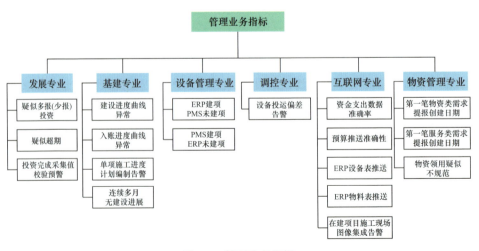

图 4-8 管理业务指标

监测指标预警情况分类：根据可能引起投资执行风险的严重程度，将各监测指标的预警情况分为黄色预警及红色预警两类。

3．动态监测规则

根据上述各专业监测指标及预警规则，按月开展电网基建项目执行动态预警监测，挖掘存在的问题，常态化开展现场核查，防范执行风险。

动态预警监测的规则为：①将符合黄色预警规则的项目列为"低风险"项目，持续追踪；②将符合红色预警规则的项目列为"中等风险"项目，纳入"红色预警"项目清单，重点监测；③连续 3 个月"红色预警"的项目，列为"高风险"项目，纳入"黑名单"管理，是"双随机"项目核查的必查对象，并由各监测指标所属责任单位，根据分工界面，限期落实整改。

4.3 项目核查方法

项目核查方法主要应用偏差预警模型，应用重点是确定偏差的合理区间，指标在合理阈值区间之内的，即认为正常；阈值区间之外的则须提示预警。电网基建项目"三率"偏差预警模型主要包括两部分，即电网基建项目投资完成准确性校核模型（实际指标之间的偏差）及计划执行情况偏差预警模型（实际与计划指标之间的偏差）。偏差预警模型工作流程如图 4-9 所示。

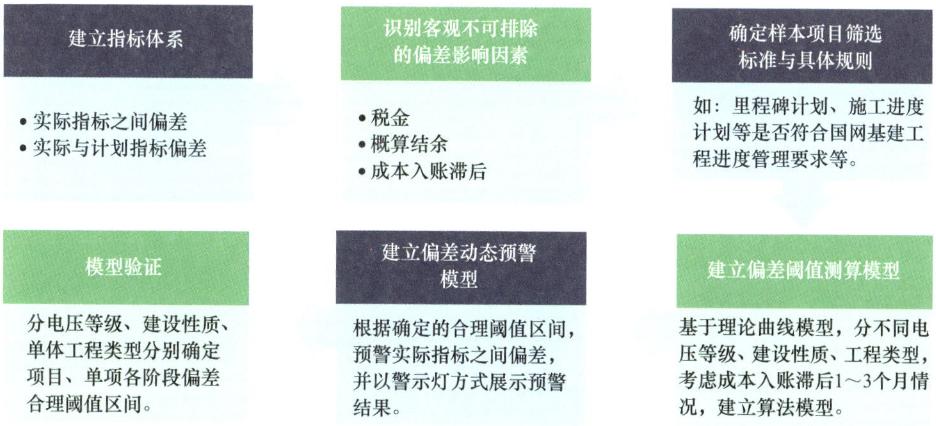

建立指标体系	识别客观不可排除的偏差影响因素	确定样本项目筛选标准与具体规则
• 实际指标之间偏差 • 实际与计划指标偏差	• 税金 • 概算结余 • 成本入账滞后	如：里程碑计划、施工进度计划等是否符合国网基建工程进度管理要求等。
模型验证	建立偏差动态预警模型	建立偏差阈值测算模型
分电压等级、建设性质、单体工程类型分别确定项目、单项各阶段偏差合理阈值区间。	根据确定的合理阈值区间，预警实际指标之间偏差，并以警示灯方式展示预警结果。	基于理论曲线模型，分不同电压等级、建设性质、工程类型，考虑成本入账滞后 1~3 个月情况，建立算法模型。

图 4-9 偏差预警模型工作流程

4.3.1 建立"三率"偏差预警指标体系

从实际指标间偏差、单一指标实际与理论偏差对比两方面，按项目、单体工程、明细费用等维度，构建"三率"偏差指标分析体系。通过"三率"指标间的两两交叉对比，判断数据真实性、项目推进进度情况。三率"偏差预警指标体系如表 4-16 所示。

表 4-16   "三率"偏差预警指标体系

指标分类	项目层面	单体工程层面	明细层面	计算公式
实际指标间偏差率	实际入账进度与实际建设进度偏差率	变电工程	建筑工程费入账进度与土建进度偏差率	实际入账建筑费/含税概算建筑费－实际土建进度
			安装工程费入账进度与设备安装调试进度偏差率	实际入账安装费/含税概算安装费－实际设备安装调试进度，其中，实际设备安装调试进度＝2/3×实际设备安装进度＋1/3×实际设备调试进度
			设备购置费入账进度与设备安装进度偏差率	实际入账设备费/含税概算设备费－实际设备安装进度
			其他费用入账进度与建设进度偏差率	实际入账其他费/含税概算其他费－实际变电工程建设进度
		架空线路	安装工程费入账进度与建设进度偏差率	实际入账安装费/含税概算安装费－实际线路建设进度
			其他费用入账进度与建设进度偏差率	实际入账其他费/含税概算其他费－实际线路建设进度
		电缆工程	建筑工程费入账进度与电缆通道建设进度差异率	实际入账建筑费/含税概算建筑费－实际电缆通道进度
			安装工程费入账进度与电缆敷设及调试进度差异率	实际入账安装费/含税概算安装费－实际电缆敷设及调试进度，其中，实际电缆敷设、调试进度＝3/4×实际电缆敷设进度＋1/4×实际电缆调试进度
			设备购置费入账进度与电缆敷设建设进度差异率	实际入账设备费/含税概算设备费－实际电缆敷设进度
			其他费用入账进度与电缆工程建设进度差异率	实际入账其他费/含税概算其他费－实际电缆工程建设进度

指标分类	项目层面	单体工程层面	明细层面	计算公式
实际指标间偏差率	实际统计投资进度与实际建设进度偏差率	变电工程	建筑工程费统计投资进度与土建进度偏差率	实际投资建筑费/含税概算建筑费−实际土建进度
			安装工程费统计投资进度与设备安装调试进度偏差率	实际投资安装费/含税概算安装费−实际设备安装调试进度，其中，实际设备安装调试进度=2/3×实际设备安装进度+1/3×实际设备调试进度
			设备购置费统计投资进度与设备安装进度偏差率	实际投资设备费/含税概算设备费−实际设备安装进度
			其他费用统计投资进度与建设进度偏差率	实际投资其他费/含税概算其他费−实际变电工程建设进度
		架空线路	安装工程费统计投资进度与建设进度偏差率	实际投资安装费/含税概算安装费−实际线路建设进度
			其他费用统计投资进度与建设进度偏差率	实际投资其他费/含税概算其他费−实际线路建设进度
		电缆工程	建筑工程费统计投资进度与电缆通道建设进度差异率	实际投资建筑费/含税概算建筑费−实际电缆通道进度
			安装工程费统计投资进度与电缆敷设及调试建设进度差异率	实际投资安装费/含税概算安装费−实际电缆敷设及调试进度，其中：实际电缆敷设、调试进度=3/4×实际电缆敷设进度+1/4×实际电缆调试进度
			设备购置费统计投资进度与电缆敷设建设进度差异率	实际投资设备费/含税概算设备费−实际电缆敷设进度
			其他费用统计投资进度与电缆工程建设进度差异率	实际投资其他费/含税概算其他费−实际电缆工程建设进度
	实际统计投资进度与实际入账进度偏差率	变电工程	建筑工程费统计投资进度与入账进度偏差率	（实际投资建筑费−实际入账建筑费）/含税概算建筑费
			安装工程费统计投资进度与入账进度偏差率	（实际投资安装费−实际入账安装费）/含税概算安装费
			设备购置费统计投资进度与入账进度偏差率	（实际投资设备费−实际入账设备费）/含税概算设备费
			其他费用统计投资进度与入账进度偏差率	（实际投资其他费−实际入账其他费）/含税概算其他费

续表

指标分类	项目层面	单体工程层面	明细层面	计算公式
实际指标间偏差率	实际统计投资进度与实际入账进度偏差率	架空线路	安装工程费统计投资进度与入账进度偏差率	（实际投资安装费 − 实际入账安装费）/ 含税概算安装费
			其他费用统计投资进度与入账进度偏差率	（实际投资其他费 − 实际入账其他费）/ 含税概算其他费
		电缆工程	建筑工程费统计投资进度与入账进度偏差率	（实际投资建筑费 − 实际入账建筑费）/ 含税概算建筑费
			安装工程费统计投资进度与入账进度偏差率	（实际投资安装费 − 实际入账安装费）/ 含税概算安装费
			设备购置费统计投资进度与入账进度偏差率	（实际投资设备费 − 实际入账设备费）/ 含税概算设备费
			其他费用统计投资进度与入账进度偏差率	（实际投资其他费 − 实际入账其他费）/ 含税概算其他费
	统计投资进度与采集投资进度	变电工程	建筑工程费统计投资进度与采集投资进度与偏差率	（实际统计投资建筑费 − 实际投资建筑费采集值）/ 含税概算建筑费
			安装工程费统计投资进度与采集投资进度偏差率	（实际统计投资安装费 − 实际投资安装费采集值）/ 含税概算安装费
			设备购置费统计投资进度与采集投资进度偏差率	（实际统计投资设备费 − 实际投资设备费采集值）/ 含税概算设备费
			其他费用统计投资进度与采集投资进度偏差率	（实际统计投资其他费 − 实际投资其他费采集值）/ 含税概算其他费
		架空线路	安装工程费统计投资进度与采集投资进度偏差率	（实际统计投资安装费 − 实际投资安装费采集值）/ 含税概算安装费
			其他费用统计投资进度与采集投资进度偏差率	（实际统计投资其他费 − 实际投资其他费采集值）/ 含税概算其他费
		电缆工程	建筑工程费统计投资进度与采集投资进度偏差率	（实际统计投资建筑费 − 实际投资建筑费采集值）/ 含税概算建筑费
			安装工程费统计投资进度与采集投资进度偏差率	（实际统计投资安装费 − 实际投资安装费采集值）/ 含税概算安装费

指标分类	项目层面	单体工程层面	明细层面	计算公式
实际指标间偏差率	统计投资进度与采集投资进度	电缆工程	设备购置费统计投资进度与采集投资进度偏差率	（实际统计投资设备费 - 实际投资设备费采集值）/ 含税概算设备费
			其他费用统计投资进度与采集投资进度偏差率	（实际统计投资其他费 - 实际投资其他费采集值）/ 含税概算其他费
实际与理论偏差率	工程建设进度实际与理论偏差	变电工程	土建阶段实际与理论偏差率	实际土建进度 - 理论土建进度
			设备安装阶段实际与理论偏差率	实际设备安装进度 - 理论设备安装进度
			调试阶段实际与理论偏差率	实际调试进度 - 理论调试进度
		架空线路	基础施工阶段实际与理论偏差率	实际基础施工进度 - 理论基础施工进度
			组塔施工阶段实际与理论偏差率	实际组塔进度 - 理论组塔进度
			架线施工阶段实际与理论偏差率	实际架线进度 - 理论架线进度
		电缆工程	电缆通道阶段实际与理论偏差率	实际电缆通道进度 - 理论电缆通道进度
			电缆敷设阶段实际与理论偏差率	实际电缆敷设进度 - 理论电缆敷设进度
			电缆调试阶段实际与理论偏差率	实际电缆调试进度 - 理论电缆调试进度
	工程入账进度实际与理论偏差	变电工程	建筑工程费实际与理论入账进度偏差率	（实际入账建筑费 - 理论土建进度 × 不含税概算建筑费）/ 含税概算建筑费 = 实际入账建筑费 / 含税概算建筑费 - 理论土建进度 /（1+ 建筑工程费税率）
			安装工程费实际与理论入账进度偏差率	（实际入账安装费 - 理论设备安装进度 × 不含税概算安装费）/ 含税概算安装费 = 实际入账安装费 / 含税概算安装费 - 理论设备安装进度 /（1+ 安装工程费税率）
			设备购置费实际与理论入账进度偏差率	（实际入账设备费 - 理论入账设备费）/ 含税概算设备费
			其他费用实际与理论入账进度偏差率	（实际入账其他费 - 理论入账其他费）/ 含税概算其他费

续表

指标分类	项目层面	单体工程层面	明细层面	计算公式
实际与理论偏差率	工程入账进度实际与理论偏差	架空线路	安装工程费实际与理论入账进度偏差率	（实际入账安装费 - 理论线路建设进度 × 不含税概算安装费）/ 含税概算安装费 = 实际入账安装费 / 含税概算安装费 - 理论线路建设进度 /（1+ 安装工程费税率）
			其他费用实际与理论入账进度偏差率	（实际入账其他费 - 理论入账其他费）/ 含税概算其他费
		电缆工程	建筑工程费实际与理论入账进度偏差率	（实际入账建筑费 - 理论电缆通道建设进度 × 不含税概算建筑费）/ 含税概算建筑费 = 实际入账建筑费 / 含税概算建筑费 - 理论电缆通道建设进度 /（1+ 建筑工程费税率）
			安装工程费实际与理论入账进度偏差率	（实际入账安装费 - 理论电缆安装建设进度 × 不含税概算安装费）/ 含税概算安装费 = 实际入账安装费 / 含税概算安装费 - 理论电缆安装建设进度 /（1+ 安装工程费税率）
			设备购置费实际与理论入账进度偏差率	（实际入账设备费 - 理论入账设备费）/ 含税概算设备费
			其他费用实际与理论入账进度偏差率	（实际入账其他费 - 理论入账其他费）/ 含税概算其他费
	统计投资进度与理论偏差	变电工程	建筑工程费统计投资进度与理论偏差率	实际投资建筑费 / 含税概算建筑费 - 理论土建进度
			安装工程费统计投资进度与理论偏差率	实际投资安装费 / 含税概算安装费 - 理论设备安装建设进度
			设备购置费统计投资进度与理论偏差率	（实际投资设备费 - 理论投资设备费）/ 含税概算设备费
			其他费用统计投资进度与理论偏差率	（实际投资其他费 - 理论投资其他费）/ 含税概算其他费
		架空线路	安装工程费统计投资进度与理论偏差率	（实际投资安装费 / 含税概算安装费 - 线路理论建设进度
			其他费用统计投资进度与理论偏差率	（实际投资其他费 - 理论投资其他费）/ 含税概算其他费

续表

指标分类	项目层面	单体工程层面	明细层面	计算公式
实际与理论偏差率	统计投资进度与理论偏差	电缆工程	建筑工程费实际与理论偏差率	实际投资建筑费/含税概算建筑费-理论电缆通道进度
			安装工程费实际与理论偏差率	实际投资安装费/含税概算安装费-理论电缆敷设进度
			设备购置费实际与理论偏差率	（实际投资设备费-理论投资设备费）/含税概算设备费
			其他费用实际与理论偏差率	（实际投资其他费-理论投资其他费）/含税概算其他费

4.3.2　识别客观不可排除影响因素

按照"三率"指标偏差分析指标框架，逐一梳理、分析可能导致四项费用层面中两两指标偏差的影响因素，将概算结余、施工结算、税金等因素视为客观存在、不可排除的因素，对由于上述客观因素导致的偏差视为合理偏差。基于曲线模型，建立偏差阈值算法模型。具体客观因素包括以下方面：

1. 结算不及时影响

通用制度结算要求：110kV 及以下电网基建工程在工程竣工验收投运后 60 日内；220kV 及以上基建工程在 100 日内将确认的工程结算书交财务部门。因此，模型中按 110kV 及以上的电网基建项目理论成本入账滞后 2 月；220kV 及以上入账进度滞后 3 月计算。

2. 概算结余影响

测算不同单体工程、不同电压等级的工程结余水平，作为预测测算模型参数。

3. 税金影响

税金是财务入账和投资之间的偏差客观因素之一。

4.3.3　确定样本项目筛选规则

确定偏差阈值测算模型中样本项目选取标准，如各电压等级工程基建管控系统、ERP 系统与规划计划系统单项工程编码匹配较好、里程碑计划、施工进度计划等关键节点符合国网基建工程进度管理要求等。

对于项目里程碑计划、施工进度计划的核查，可结合建设部门合理工期标准、各分部分项工程施工特点，通过设定数据合理性判定业务规则，初步核查建设部门进度计划数据合理性。具体如下：

1. 检查项目层里程碑计划工期合理性

工期是指从开工到投产的工程建设阶段所持续的时间，投产以完成试运行为标志。结合国网基建项目进度管理要求，区分电压等级、项目建设性质（新建、扩建、改造）判断项目层里程碑计划工期合理性。以"110kV常规新建输变电工程"为例，判断其合理工期。根据项目里程碑计划中的工程计划开工时间、计划投产完成时间计算出该项目建设工期，工期在7～16个月则判断为正常，东北、西北地区可考虑工期在上述基础上，再增加3个月。

2. 核查项目层里程碑计划与单体层施工进度计划是否脱节

以工程开工时间核查为例，判断异常条件。取施工进度计划中土建（变电工程）、基础或电缆通道（线路工程）阶段计划开始时间，若与里程碑计划中的项目开工时间偏差60天以上则显示异常。

3. 检查建设部门编制的不同类型单体工程施工进度计划合理性

以判断变电工程土建里程碑计划时间与其各主要分部工程计划时间是否脱节为例，判断异常的条件。

条件一：①若各主要分部工程最早开始时间早于土建里程碑阶段开始时间90天/120天的；②或各主要分部工程最晚完成时间超过土建里程碑完成时间90天/120天的；③或若各主要分部工程最早开始时间晚于或等于土建里程碑完成时间（220kV及以下工程为90天，220kV以上工程为120天）。

条件二：或各主要分部工程的开始时间与完成时间与土建里程碑的开始、完成时间完全相同。

上述任意一条显示异常，则本条逻辑判断结果则显示异常。

汇总以上三条筛选规则，系统初始设定标准预警指标设定表如表4-17所示。

表4-17　　　　　　　　　　　　预警指标设定表

层级	判定范围	电压等级（kV）	建设类型	上限	下限	备注
项目	开工时间判定	全等级		60	-70	日

续表

层级	判定范围	电压等级（kV）	建设类型	上限	下限	备注
项目	工期合理性判定	110	新建	16	7	月
项目		110	扩建	13	3	月
项目		110	改造	12	2	月
项目		220	新建	19	10	月
项目		220	扩建	16	6	月
项目		220	改造	15	5	月
项目		500	新建	21	12	月
项目		500	扩建	18	8	月
项目		500	改造	17	7	月
土建施工（变电工程）	分部工程计划时间合理性判定	220kV 以上	—	120	—	日
土建施工（变电工程）		220kV 及以下	—	90	—	日
设备安装（变电工程）		220kV 以上	—	120	—	日
设备安装（变电工程）		220kV 及以下	—	90	—	日
基础（线路工程）		220kV 以上	—	90	—	日
基础（线路工程）		220kV 及以下	—	60	—	日
组塔（线路工程）		220kV 以上	—	90	—	日
组塔（线路工程）		220kV 及以下	—	60	—	日
架线（线路工程）		220kV 以上	—	90	—	日
架线（线路工程）		220kV 及以下	—	60	—	日

4.3.4   构建"三率"偏差阈值测算模型

1. 理论基础

"三率"偏差阈值标准测算模型主要以 3σ 准则为理论基础。3σ 准则又称为拉依达准则，它是假设一组检测数据只含有随机误差，对其计算处理得到标准偏差，按一定概率确定一个区间，认为凡超过这个区间的误差，就不属于随机误差而是粗大误差，含有该误差的数据应予以剔除。在正态分布中，σ 代表标准差，μ 代表均值。$X=\mu$ 即为图像的对称轴。3σ 原则：

数值分布在（$\mu-\sigma$，$\mu+\sigma$）中的概率为 0.6827；

数值分布在（$\mu-2\sigma$，$\mu+2\sigma$）中的概率为 0.9544；

数值分布在（$\mu-3\sigma$，$\mu+3\sigma$）中的概率为 0.9974。

因此，可以认为，Y 的取值几乎全部集中在（$\mu-3\sigma$，$\mu+3\sigma$）区间内，超出这个范围的可能性仅占不到 0.3%。故"三率"偏差阈值标准上下限以（$\mu-3\sigma$，$\mu+3\sigma$）来确定。

2. 具体步骤

基于理论曲线与实际曲线指标，建立理论进度与实际进度、实际进度之间偏差阈值算法模型，告警指标之间偏差异常的项目。"三率"偏差阈值测算流程图如图 4-10 所示。

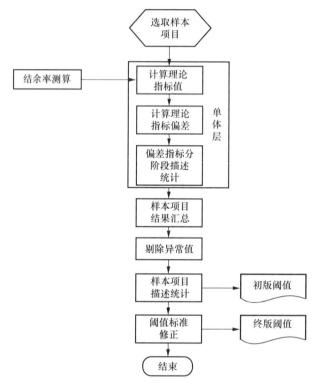

图 4-10 "三率" 偏差阈值测算流程图

第一步，选取样本项目。基于样本项目筛选标准，选取不同电压等级、工程类型的样本项目，作为确定阈值的测算对象。将测算的结余率上、下限分别代入理论入账进度曲线模型。基于理论曲线模型，计算各样本项目关键里程碑阶段理论进度值。

第二步，结余率参数测算。线下收集近几年已决算 35kV 及以上电网基建项目决算报表，分别测算各电压等级、工程类型、四项费用的概算结余率及标准差。按照"均值 ±a× 标准差"的方法，确定每类结余率上、下限。其中，a 为正态分布中，给定的置信度水平（比如 95%）的对应系数（1.96），即有 95% 的样本落在平均值加减 1.96 倍标准差的范围里。

第三步，计算理论指标值。考虑服务类三项费用成本入账进度滞后情况，统计"三率"理论指标偏差。实际业务中，施工结算通常较工程建设进度会滞后 1~3 个月，考虑剔除该因素影响，按照国网通用制度中对不同电压等级工程结算的时间要求，将建筑、安装、其他费用三项服务类理论成本入账进度滞后 2 个月或 3 个月。另外，由于变电工程中安装工程费对应设备安装和调试两个建设阶段，所以计算单体工程安装工程费理论入账 / 投资进度与理论建设进度偏差指标时，按照安装工程费入账 / 投资进度 −（2/3 × 设备安装进度 +1/3 × 调试进度）计算。

第四步，偏差指标分阶段描述统计。统计分单体工程、里程碑阶段的工程理论偏差指标值的最大值、最小值、中位数和均值，将最大值、最小值作为单体工程偏差阈值标准参考值。对按照规则筛选的样本项目分电压等级、分单体类型测算不同里程碑阶段的偏差阈值，并将偏差指标值汇总。

第五步，剔除异常值。根据 3σ 准则，剔除各里程碑阶段理论偏差指标值汇总结果中的异常值。

第六步，阈值标准测算。针对剔除异常值后的样本指标值，按照"均值 $\pm a \times$ 标准差"方法，设置预期标准覆盖概率，分别计算每个偏差指标值上下限的区间范围，结合自身业务需求，设定阈值标准选取方法（均值、区间下限、区间上限），将其结果作为该偏差指标值的初版阈值标准。

最终，选取典型项目开展初步验证与分析，根据初步验证结果，对明显不符合业务实际的阈值标准进行修正，得到终版的阈值标准（区分不同电压等级、不同单体类型、不同里程碑阶段）。

4.3.5　构建三率偏差动态预警模型

基于阈值标准，从"明细层—单项层—项目层"设置监督逻辑，对明细层、单项层、项目层进度进行监督，具体逻辑如下。

（1）根据测算得出的明细层、单项层进度偏差阈值标准，实现对明细层和单项层的动态监督。首先，判断单项工程当前月份所对应的里程碑阶段；然后，将当月实际指标值与对应的里程碑阶段进度偏差阈值标准进行对比，以红绿灯来展示监督结果，具体结果分为两种：阈值标准区间范围内为正常，超过阈值标准区间的预警。明细层和单项层偏差结果监督表如表 4-18 所示。

表 4-18　　　　　　　　　　　　明细层和单项层偏差结果监督表

指标	单体层预警结果	2015年3月	2015年4月	2015年5月	2015年6月	2015年7月	2015年8月	2015年9月	2015年10月	2015年11月	2015年12月	2016年1月
实际累计成本与建设进度差异率	变电	正常	正常	正常	正常	正常	正常	预警	预警	预警	预警	正常
	架空	正常	正常	正常	正常	正常	正常	正常	正常	正常	正常	预警
实际累计统计投资完成与建设进	变电	正常	正常	正常	正常	正常	预警	预警	预警	预警	预警	预警
	架空	正常	正常	正常	正常	正常	正常	正常	正常	正常	正常	正常
实际累计投资完成与成本差异率	变电	正常	正常	正常	正常	正常	正常	正常	预警	预警	预警	预警
	架空	正常	正常	正常	正常	正常	正常	预警	预警	预警	预警	预警

（2）根据单项层进度偏差监督结果，实现对项目层进度偏差的监督。将单项层进度偏差监督结果，按照"预警（红灯）得 1 分，正常（绿灯）得 0 分"的原则打分；再按照单项的概算权重对项目主要单项工程得分结果进行加权平均，得到项目层指标得分；根据制定的项目层进度偏差监督规则（如项目层指标得分小于或等于 0.5 显示正常，大于 0.5 显示预警），实现对项目层的监督。项目层偏差结果监督表如表 4-19 所示。

表 4-19　　　　　　　　　　　　项目层偏差结果监督表

	时间	×××	×××	2015年5月	2015年6月	2015年7月	2015年8月	2015年9月	2015年10月	2015年11月	2015年12月	2016年1月
项目层指标值预警	实际与理论投资进度偏差率	正常	正常	正常	正常	预警	预警	预警	预警	预警	预警	预警
	实际与理论建设进度偏差率	正常	正常	正常	正常	正常	正常	预警	预警	预警	预警	预警
	实际与理论入账进度偏差率	正常	正常	正常	正常	预警	预警	预警	预警	预警	预警	预警

4.4　投资执行风险点评估及防控

本节在电网基建项目数据监测分析体系基础上，结合历史案例，分类总结项目规划、计划、开工、投产等关键节点主要投资执行风险，提炼数据质量、业务管理和外部环境 3 大类型、26 项典型风险点，为投资执行风险的事前预判和事后管控奠定了基础。项目建设各阶段重点风险点如图 4-11 所示，各单位可根据项目所处阶段重点关注对应风险点，提高风险防范的针对性和有效性。

4.4.1　数据质量风险

本节将统计数据因缺乏真实性、准确性，难以辅助项目管理，引发审计、巡视问题的数据质量风险，分为数据维护风险、系统操作风险两大类，详细说明如下。

1．数据维护风险

（1）源端系统数据维护错误。开工投产、建设进度、投资规模、物资与服务等信息在源端系统中未及时维护或维护错误，导致系统数据缺失或与线下批复文件、实际情况不一致。

（2）系统数据归集错误。规划计划信息管理平台从基建管理系统、ERP 系统、PMS 系统等专业信息系统归集数据过程中出现的错误，导致系统数据缺失或与相关专业信息系统数据不一致。

（3）线下数据报送错误。项目建设管理部门线下报送相关数据不及时、不完整，造成投资统计工作中部分项目数据缺失或错误。

2．系统操作风险

（1）系统建项遗漏。项目未在规划计划信息管理平台、基建管理系统、ERP 系统、PMS 系统等专业信息系统建项，或项目信息缺失，触发各类预警。

（2）项目关联匹配错误。同一项目的项目编码、单项编码在规划计划信息管理平台、基建管理系统、ERP 系统等专业信息系统不匹配，单项工程的工作分解结构（WBS）编码在规划计划信息管理平台与 ERP 系统不匹配，已投产项目、设备在调控云、PMS 系统等专业信息系统中未关联或关联错误。

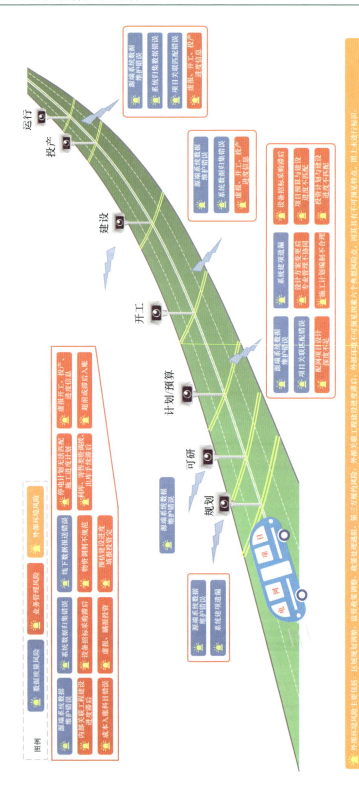

图 4-11 项目建设各阶段重点风险点

4.4.2　业务管理风险

本节将企业内部出现的因管理目标不协同、管理要求深度不足而引发的管理风险，分为项目方案管理风险、建设进度管理风险、物资供应管理风险、成本入账管理风险、投资进度管理风险五大类，详细说明如下。

1. 项目方案管理风险

（1）设计方案变更后专业管理不协同。项目设计方案发生重大变更后，各专业间管理不协同，未及时进行概算修编，或修编后未及时调整投资计划。

（2）配电网项目设计深度不足。配电网项目可研、初设深度不足，初设概算编制不准确，投资完成依据概算进行报送，可能触发疑似多报（少报）投资预警。

2. 建设进度管理风险

（1）施工计划编制不合理。施工计划编制不合理，引发系列管理问题。

（2）停电计划无法匹配施工进度计划。停电计划申请未及时获批准，项目无合理停电时间窗口，影响工程进度推进和设备投产。

（3）虚报开工、投产、建设进度信息。在项目管理相关系统中提前填报开工、投产时间，或超前现场实际情况虚报建设进度。

（4）内部关联工程建设进度滞后。工程进度滞后，导致相应配套项目建设进度受影响或无法按期投产。

3. 物资供应管理风险

（1）设备招标采购滞后。设备采购慢于原定计划，设备未及时到货，影响现场正常施工。

（2）物资调剂不规范。项目间相互调剂物资，未及时办理出入库、调拨等相关手续。

（3）利库、寄售类物资调拨、出库手续滞后。利库、寄售类物资到场后未及时在 ERP 系统中完成调拨、出库等手续，导致项目物资领料金额与实际建设进度不匹配。

4. 成本入账管理风险

（1）项目预算与建设进度不匹配。项目预算未根据项目实际建设进度及时调整，引发系列管理问题。

（2）超前或滞后入账。偏离工程实际提前进行成本入账或未按实际进度及时入账，导致成本入账曲线与投资进度、建设进度曲线偏差超过合理阈值。

（3）成本入账科目错误。项目内单项工程间成本入账错误，单项工程四项费用挂接不准确，导致财务入账数据无法反映真实情况。

5．投资进度管理风险

（1）投资计划与建设进度不匹配。投资计划未根据项目实际建设进度及时调整，引发系列管理问题。

（2）虚报、瞒报投资。统计单位违反投资统计业务规范，超前或滞后于建设进度填报投资完成数据，触发疑似多报（少报）投资预警。

（3）预估建设进度填报投资完成。统计单位按照预估建设进度填报投资完成，导致投资完成与现场实际进度不匹配。

4.4.3 外部环境风险

本节将外部出现的影响电网基建项目计划执行、建设推进、数据统计的环境风险，从区域规划、监管政策、政策处理、第三方履约等方面进行详细说明。

（1）区域规划调整。项目原方案与政府新发布的政策规划发生冲突，工程需暂停，待与政府协商一致后，方能恢复正常施工。

（2）监管政策调整。在项目建设过程中，监管机构出台新政策、提出新要求，影响施工进度和投资规模。

（3）政策处理遇阻。政策处理遇阻，导致项目整体进度滞后甚至停工。政策处理是指按照相关政策规定，处理好工程建设涉及的征地拆迁补偿等事宜。

（4）第三方履约风险。由于供货商、施工方等第三方未按照合同要求如期履约，导致项目建设进度滞后。

（5）外部关联工程建设进度滞后。外部关联工程建设进度滞后，导致企业相应配套项目建设进度受阻或无法按期投产。

（6）外部环境不可预见因素。项目建设过程中，出现不可预见环境因素，导致建设进度滞后。

4.4.4 风险防控措施

通过介绍实用性强的风险防控措施，帮助各单位明确风险治理方向，控制风险点的不利影响，整改或消除风险点，提升项目管控能力。

对应常见的风险点，风险防控措施可分为数据质量、业务管理、环境变化三大类。各措施介绍既重视思路总结，也重视做法举例。

1. **数据质量风险防控**

针对数据质量风险，从数据维护、系统操作入手防控风险，提升统计数据质量。

（1）数据维护。重点提升项目数据准确性。涉及规划信息管理平台数据应加强投资填报环节与关联系统的核对工作，并确保项目编码、项目名称正确。同时，提高单项层级四项费用解析准确性，确保与相应系统该字段数据一致，为"三率曲线"的准确生成提供基础数据支撑。涉及基建管理系统数据应根据项目的实际建设进度，滚动调整施工进度计划，并及时准确地维护各分部分项工程的进度数据，确保投资完成采集值准确。涉及 ERP 系统数据应及时办理配电网项目的领退料手续，确保项目物资领用数据准确。涉及调控云和 PMS 系统数据应及时做好项目投产相关数据维护，并确保与规划计划信息管理平台、基建管理系统对应数据的逻辑关系吻合。

重视项目风险核查工作。强化各层级、各专业部门的沟通协调机制，不定期抽查在建项目现场，及时发现项目各系统数据与现场不相符问题。同时，应结合"三率曲线"告警项目清单，持续梳理并治理发展、财务、设备、建设、物资、调控、互联网专业预警项目数据，提升项目数据质量。

（2）系统操作。早发现、早治理系统建项问题。10（20）kV 项目应定期进行 ERP 系统和 PMS 系统中的已建项目对比，及时治理两个系统中有差异的项目，保证项目范围和内容一致。35kV 及以上项目重点筛查编码不同问题，对 WBS 编码不一致的单项工程，应及时手动关联。对不能在相关统推系统中维护的项目，按月提交《非基建部管理项目数据清单》《非设备部管理项目数据清单》。

2. **业务管理风险防控**

针对业务管理风险，从项目方案、建设进度、成本入账、物资供应、投资进度等方面入手，改善内部业务管理流程。

（1）项目方案管理。提高项目储备质量。针对 10（20）kV 配电网项目投资规模小、数量多、建设周期短特点，落实项目可研（初步）设计深度要求和现场实施可行条件，避免后续方案发生重大变更，引发工程量和物资需求量的大幅调整。35kV 以上电网项目在可研阶段应充分考虑建设部门实施困难，避免后期初步设计发生重大变更，引发建设规模和四项费用大幅变化。

加强项目与工程前期的有效衔接。在项目前期阶段，建设部门应积极参与可研方案的评审和现场勘察，及早预判工程前期办理难点，从而精准订定后续的里程碑关键节点计划。

（2）项目进度管理。健全沟通协作机制。进度管理实现建设专业和发展专业良性互动，掌握工程建设的实际情况和现实困难，准确判断建设进度，发现疑似问题及时沟通；促进监管单位、属地单位、施工单位三方协作，协调解决建设中出现的问题；提高施工计划安排合理性；推动建设部门从源头做好关键里程碑节点进度计划的编制，为后续投资计划精准编制、财务预算科学测算和物资交货计划有序落实提供数据支撑。同时，也应进一步校验施工进度计划编制的合理性。另外，建设部门应重点关注关联工程的建设进度匹配性问题，避免后续工程久建难投，提高停电计划安排合理性。对于停电困难的项目，如变电站内施工、原有电力项目改造、跨越带电运行的电力线路，应结合生产部门检修计划，科学制订可行过渡方案和施工方案，合理安排施工时序和停电时间。

（3）成本入账管理。科学编制项目预算。按时上报财务综合投资计划和建设里程碑计划，合理审定项目管理部门上报的年度预算，建立预算执行预警机制；项目管理单位发现项目预算不足时，应积极协调财务部门滚动调整预算。优化设置工程明细费用对应各阶段的预算完成比例，充分依托工程标准成本，强化工程成本明细费用管控。

加强专业协同，确保入账合理。项目管理部门及时完成项目进度款入账流程，避免工程完工后一次性入账；建设管理部门和物资部门协同配合，督促供应商按时完成到货接收单据和验收单据办理，确保成本入账及时；项目管理部门和物资部门按合同约定时间发起服务类和物资类资金支付流程办理，配合财务部门合理合规地完成项目资金支付。

（4）物资供应管理。加强物资供应计划的管控。项目管理部门根据施工进度计划的实际执行情况，合理提出相应物资的供应需求，避免因领用不及时造成物资大量积压；物资管理部门督促供应商严格按期交货，避免物资不到位，影响建设工期。

优化物资领用管理模式。对因预算不足而无法办理物资出库的项目，需要建设部门与财务部门沟通灵活调整年度项目计划。线缆类物资计划提报应严格落实初步设计批复方案，进行分盘管理，减少退库流程，减轻清仓利库压力。同时，规范结余物资、寄存寄售物资使用流程，进一步提升项目物资实际入账准确率。

（5）投资进度管理。提高投资计划精准性。结合现场实际情况和施工进度计划，投资计划专业应合理下达年度投资计划。

加强部门间专业认同度。企业应加大对建设、财务、物资和调控中心等专业部门的宣传力度，有针对性的地开展数据监测分析体系业务培训，落实数据"谁产生，谁负责"的原则，进一步明确源端系统数据责任。

加强统计监督。管理人员积极深入电网基建项目建设现场，准确把握项目实际建设进度，按照统计管理办法要求，严格执行投资统计报表制度。

积极稳妥地处理长期疑似多报投资项目。管理人员组织项目管理部门核实项目情况，加快项目推进，确保统计数据符合现场实际。

提升统计人员业务能力。企业应常态化组织开展投资统计专业培训，加强跨专业学习，增进与项目管理各方的沟通和交流，熟悉各项业务环节，提高统计人员统计分析能力和组织协调能力，提升项目过程监测水平。

3. 外部环境风险防控

针对外部环境风险，从市政规划、协调机制、依规处置等方面入手，优化外部主体关系，力争营造有利于项目实施的外部环境。

（1）市政规划。进一步衔接市政规划和项目前期手续办理。规划专业应密切跟踪市政总体规划的修编情况，及时滚动更新电网规划，确保地区电力设施布局规划有效适应市政规划新目标。前期专业根据规划项目的变化情况，及时办理电网规划项目用地，纳入国土空间规划调整大纲，为后续工程前期手续办理提供合法依据。

（2）协调机制。加大与各级人民政府协调力度。积极争取重点电网建设项目纳入省、市、县重大项目建设计划，争取政府有关职能部门的重视与支持；积极建立与地方政府的政策处理协调联动机制，减少施工受阻事件，避免停工、窝工。对于临时性、突发性的建设工程，项目管理人员应积极做好与政府部门沟通汇报，尽快落实土地和线路路径审批手续，确保项目落地实施。

（3）依规处置。规范受阻项目管理流程。对因政府配套工程影响建设进度的建设项目，应采取必要的措施，如拆分工程、单独建设等，保证项目顺利推进；对因客观原因确实无法推进的工程项目，如电源项目本体烂尾、外部关联项目取消等，导致工程无法顺利实施，应考虑项目建设的中止与终止。

5 电网投资执行评价

本章重点围绕三个方面，基于项目生命周期理论构建项目投入效益评价指标体系，抽取关键节点指标量化，应用 SVSP 理论梳理项目投入效益评价指标体系，采用层次分析与灰色模糊综合评价构建项目投入效益评价模型，进行甲省电网企业和 9 个地市级电网企业项目投入效益的实证分析，电网发展投入项目执行过程监控技术研究思路图如图 5-1 所示。

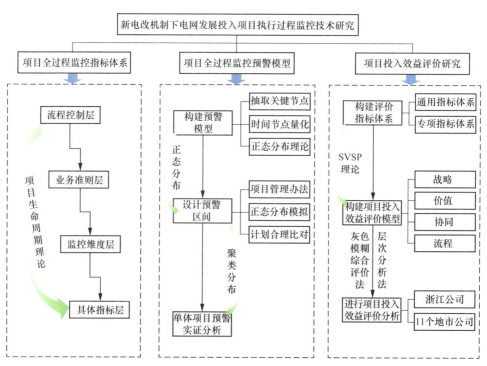

图 5-1　电网发展投入项目执行过程监控技术研究思路图

5.1 项目投入效益评价指标体系

5.1.1 项目投入效益评价指标体系设计

成果管理亦称 SVSP 项目管理，指在确定项目管理目标的前提下，在项目全过程、全方位管理中保证财力、人力、物力实现最优化，进而达到项目投入效益最大化的管理办法，与现阶段电网发展投入项目的投入效益评价目标较为吻合，因此以 SVSP 理论为基础，从战略、价值、协同、流程四个维度分析电网企业项目的投入效益。其中，战略维度主要考虑项目投入与战略目标的契合度，具体评价指标有项目规划准确率和项目目标完成率；价值维度主要考虑项目投入产出效益，具体评价指标有预算投入准确率、物资采购计划完成率、项目投入产出比、成果产出率；协同维度主要考虑项目相关协同组织工作产生的效益，具体评价指标有项目执行偏差、项目优先级排序完成度、部门协同率、专业协同率；流程维度主要考虑项目全过程关键节点产生的效益，具体评价指标有项目立项准确性、初步设计全生命周期成本分析率（life cycle cost rate，LCC）分析率、里程碑完成及时性、里程碑变更率、转固及时率、转固率。因此，基于战略等 4 个一级指标、战略目标等 9 个二级指标、项目规划准确率等 16 个三级指标，构建电网发展投入项目投入效益通用评价指标体系，电网发展投入项目投入效益评价指标体系（通用版）具体内容见表 5-1。

表 5-1　　电网发展投入项目投入效益评价指标体系（通用版）

一级指标	二级指标	三级指标	计算公式	备注	正负向	
战略（S）	战略目标	项目规划准确率	项目规划准确率 = 实际总投入 / 规划总投入	规划总投入指各单位上报的需求汇总	正	
		项目目标完成率	项目目标完成率 = 实际总产出 / 预计总产出	根据项目特性进行预估，属于经验预测	正	
价值（V）	资金效益	预算投入准确率	预算投入准确率 = 实际总投入 / 预算总投入	预算总投入指预算下达数	正	
	物资效益	物资采购计划完成率	物资采购计划完成率 = 实际物资采购总金额 / 计划物资采购总金额		正	

续表

一级指标	二级指标	三级指标	计算公式	备注	正负向	
价值（V）	成果效益	项目投入产出比	项目投入产出比＝实际总产出／实际总投入	项目实际总产出根据项目特性进行预估，属于经验预测	正	
		成果产出率	成果产出率＝本年成果额／本年总投入	本年成本过额根据项目特性进行预估，属于经验预测	正	
协同（S）	项目管理	项目执行偏差	项目执行偏差＝（实际完成时间－计划完成时间）／计划完成时间		负	取倒数
		项目优先级排序完成度	打分制		正	
	组织管理	部门协同率	打分制		正	
		专业协同率	打分制		正	
流程（P）	项目立项	项目立项准确性	项目立项准确性＝实施项目数量／立项项目总数量		正	
		初步设计LCC分析率	初步设计LCC分析率＝实施LCC分析的项目数量／立项项目总数量		正	
	项目里程碑	里程碑完成及时性	里程碑完成及时性＝里程碑及时完成的项目数量／实施项目总数量		正	
		里程碑变更率	里程碑变更率＝变更里程碑的项目数量／实施项目总数量		负	
	项目实施	转固及时率	转固及时率＝及时转固的投资／总投资		正	
		转固率	转固率＝本期转固资产／本期资本投入		正	

5.1.2　电网基建项目投入效益评价指标体系设计

基于电网发展投入项目投入效益通用评价指标体系，进一步结合电网基建项目投资和产出特点，增加个性化指标，电网基建项目投入效益评价指标体系具体如表5-2所示。电网基建项目投入效益评价指标体系的个性化指标主要体现在价值维度的成果效益方面，结合电网基建项目建设目标，量化成果产出率指标，增加个性化评价指标包括单位电网投资增收电量、城网电压合格率、农网电压合格率、城网供电可靠率、农网供电可靠率、线损率等，主要体现电网基建投资投入产生的经济效益和技术效益。

表 5-2   电网基建项目投入效益评价指标体系

一级指标	二级指标	三级指标	计算公式	备注	正负向	
战略（S）	战略目标	项目规划准确率	项目规划准确率＝实际总投入／规划总投入	规划总投入指各单位上报的需求汇总	正	
		项目目标完成率	项目目标完成率＝实际总产出／预计总产出	根据项目特性进行预估，属于经验预测	正	
价值（V）	资金效益	预算投入准确率	预算投入准确率＝实际总投入／预算总投入	预算总投入指预算下达数	正	
	物资效益	物资采购计划完成率	物资采购计划完成率＝实际物资采购总金额／计划物资采购总金额		正	
	成果效益	项目投入产出比	项目投入产出比＝实际总产出／实际总投入	项目实际总产出根据项目特性进行预估，属于经验预测	正	
		单位电网投资增售电量	单位电网投资增售电量＝本年售电量／本年总投入		正	
		城网电压合格率			正	
		农网电压合格率			正	
		城网供电可靠率			正	
		农村供电可靠率			正	
		线损率			负	取倒数

一级指标	二级指标	三级指标	计算公式	备注	正负向	
协同（S）	项目管理	项目执行偏差	项目执行偏差＝（实际完成时间－计划完成时间）/计划完成时间		负	取倒数
		项目优先级排序完成度	打分制		正	
	组织管理	部门协同率	打分制		正	
		专业协同率	打分制		正	
流程（P）	项目立项	项目立项准确性	项目立项准确性＝实施项目数量/立项项目总数量		正	
		初步设计LCC分析率	初步设计LCC分析率＝实施LCC分析的项目数量/立项项目总数量		正	
	项目里程碑	里程碑完成及时性	里程碑完成及时性＝里程碑及时完成的项目数量/实施项目总数量		正	
		里程碑变更率	里程碑变更率＝变更里程碑的项目数量/实施项目总数量		负	取倒数
	项目实施	转固及时率	转固及时率＝及时转固的投资/总投资		正	
		转固率	转固率＝本期转固资产/本期资本投入		正	

5.2 甲省电网企业电网基建项目投入效益评价分析

5.2.1 项目投入效益评价模型构建

基于层次分析与灰色模糊综合评价，构建电网基建项目投入效益评价模型式为：

$$\max F_t（\text{电网基建项目投入效益}）$$
$$=\max[f_t（\text{战略}），f_t（\text{价值}），f_t（\text{协同}），f_t（\text{流程}）] \qquad （5-1）$$

式中：$\max F_t$ 表示第 t 年的电网基建项目投入效益；$\max f_t$（战略）、$\max f_t$（价值）、$\max f_t$（协同）、$\max f_t$（流程）表示第 t 年的电网基建项目的战略、目标、协同、流程效益；t 表示样本年份。

考虑电网基建项目投入效益评价指标体系中既有定量指标，也有定性指标，定性指标的量化主要采用专家打分法，同时基于层次分析法修正专家打分的主观性矛盾；根据模糊数学的隶属度理论把定性评价转化为定量评价，即用灰色模糊综合评价法对受到多种因素制约的事物或对象做出一个总体的评价，能较好地解决模糊的、难以量化的指标。为了统一定性指标和定量指标数据级的一致性，定性指标采用百分制评价值，定量指标进行归一化预处理（均值百分制），实现各类指标的可比性和稳定性。

5.2.2 项目投入效益评价实证分析

1. 指标权重测算

根据灰色模糊综合评价法的隶属度函数，运用 F 统计方法，各种类型的 F 分布等确定评价目标与评价因素值之间的函数关系（即隶属度函数），建立适合的隶属函数从而构建评价矩阵。采用甲省电网企业 2012～2018 年样本数据，测算得到电网基建项目投入效益评价指标权重，并进行逐级累加得到评价目标的权重。电网基建项目投入效益评价指标权重如表 5-3 所示。

表 5-3 电网基建项目投入效益评价指标权重

一级指标	一级权重（%）	二级指标	二级权重（%）	三级指标	三级权重（%）
战略（S）	17	战略目标	17	项目规划准确率	8
				项目目标完成率	9
价值（V）	42	资金效益	3	预算投入准确率	3
		物资效益	2	物资采购计划完成率	2
		成果效益	37	项目投入产出比	10
				单位电网投资增售电量	9
				城网电压合格率	2
				农网电压合格率	3
				城网供电可靠率	3
				农网供电可靠率	4
				线损率	6
协同（S）	18	项目管理	10	项目执行偏差	6
				项目优先级排序完成度	4
		组织管理	8	部门协同率	5
				专业协同率	3

一级指标	一级权重（%）	二级指标	二级权重（%）	三级指标	三级权重（%）
流程（P）	23	项目立项	6	项目立项准确性	4
				初步设计 LCC 分析率	2
		项目里程碑	7	里程碑完成及时性	3
				里程碑变更率	4
		项目实施	10	转固及时率	4
				转固率	6

由表 5-3 可知，电网基建项目投入效益评价的战略、价值、协同、流程的权重依次为 17%、42%、18%、23%，价值维度尤其是成果效益是最能体现项目投入效益情况的，以电网基建为例，项目投入产出比和单位电网投资增售电量是电网基建项目投入效益最为直接的体现。

2．综合得分计算

根据表 5-3 的指标权重测算结果，结合指标数据的归一化预处理，采用综合得分法计算 2012～2018 年电网基建项目投入效益总得分，结果如表 5-4 和图 5-2 所示。

表 5-4　　　　　2012～2018 年电网基建项目投入效益综合得分

年度	战略得分	价值得分	协同得分	流程得分	总得分
2012	14	27	15	16	72
2013	15	28	14	17	74
2014	15	29	14	17	75
2015	15	30	15	17	77
2016	16	33	17	19	85
2017	16	36	17	19	88
2018	16	38	17	20	91

由图 5-2 可知，从 2012～2018 年时间维度看，电网基建项目投入效益逐年提升，综合得分从 2012 年的 72 分，到 2016 年的 85 分，再到 2018 年的 91 分，实现三级跳。从各个维度看，战略得分和协同得分总体较好，表明甲省电网企业电网基建项目建设一直围绕企业战略目标，项目组织管理较为严格；价值得分增速最快，尤其是 2015 年新电改以来，表明甲省电网企业主动适应新电改形

势，强化项目效益管理，提升电网基建项目的技术产出和经济效益，增强电网基建项目的价值增值；得益于近年来甲省电网企业综合计划优化提升工作，尤其是项目全过程监控体系构建和项目管理模式创新，流程得分也从 2016 年开始快速提升。

图 5-2　2012～2018 年电网基建项目投入效益综合得分

5.3　地市级电网企业电网基建项目投入效益评价分析

同样基于层次分析与灰色模糊综合评价，构建 9 个地市级电网企业电网基建项目投入效益评价模型式为：

$$\max F_{it}（电网基建项目投入效益）$$
$$= \max [f_{it}（战略），f_{it}（价值），f_{it}（协同），f_{it}（流程）] \tag{5-2}$$

式中：$\max F_{it}$ 表示第 i 个地市级电网企业第 t 年的电网基建项目投入效益；$\max f_{it}$（战略）、$\max f_{it}$（价值）、$\max f_{it}$（协同）、$\max f_{it}$（流程）表示第 i 个地市级电网企业第 t 年的电网基建项目的战略、目标、协同、流程效益；i 表示样本个数；t 表示样本年份。

这里以电网基建为例，选取 9 个地市级电网企业 2012～2018 年电网基建项目投入效益变化情况进行实证分析。同样采用隶属度理论进行指标量化，采用均值百分制统一定性指标和定量指标数据级。基于表 5-3 甲省电网企业电网基建项目投入效益评价指标权重的测算结果，结合指标数据的归一化预处理，采用综合得分法计算 2012～2018 年甲省电网 9 个地市级电网企业电网基建项目投入效益综合得分，结果如表 5-5 和图 5-3 所示。

表 5-5　2012~2018 年，甲省电网 9 个地市电网基建项目投入效益综合得分

地区	2012 年	2013 年	2014 年	2015 年	2016 年	2017 年	2018 年
A 市	77	79	80	83	90	94	95
B 市	76	78	79	81	89	92	94
C 市	74	75	77	78	86	89	92
D 市	75	76	77	79	88	90	92
E 市	73	74	75	76	85	88	91
F 市	74	74	75	77	86	89	91
G 市	72	73	74	76	84	88	90
H 市	73	74	75	77	85	89	91
I 市	70	71	72	74	80	83	88
全省	72	74	75	77	85	88	91

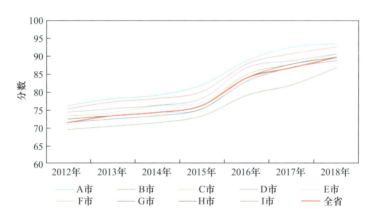

图 5-3　2012~2018 年，甲省电网 9 个地市级电网企业电网基建项目投入效益综合得分

　　由表 5-5 和图 5-3 可知，从时间纵向维度看，9 个地市级电网企业电网基建项目投入效益逐年提升，尤其是 2015 年新电改以后，强化项目效益管理，各个地市级电网企业电网基建项目投入效益提升明显。从区域横向维度看，A 市、B市、C 市、D 市 4 个地市级电网企业电网基建项目投入效益均高于全省水平；而 I 市级电网企业低于全省水平；剩余的地市级电网企业则与全省水平基本持平。

6 电网项目数据资产管理体系

我国在国家层面、地区层面和企业层面都积极推动数据资产管理的发展。自 2014 年以来，我国政府高度重视大数据的战略价值，强调数据的基础资源和创新引擎作用，通过相关政策和改革行动，加快培育数据要素市场。全国多个省份积极推动数据资产管理，提出定价方法、资产凭证、管理体系等，促进数据资产的应用和价值实现，采取政策制定、数据归集开放等措施，取得显著成效。国外数据资产管理的研究主要集中在理论层面，各国持续完善数据资源战略布局，数据开放、确权、流通成为市场化配置的重点方向，而数据主权也逐渐受到关注。本章通过分析国内外数据资产管理发展状况、构建数据资产管理体系和数据资产价值化应用，进一步挖掘数据资产价值，提升应用效率。

6.1 国内外数据资产管理发展状况

6.1.1 国内数据资产管理发展情况

在数字经济时代，数据要素不仅是催生和推动数字经济新产业、新业态、新模式发展的基础，也是推动产业创新和改造升级的强劲臂力。在如今快速发展的数字经济新时代，中国作为数据生产大国已明确表明数据在中国社会经济发展中的重要战略意义。

1. 从国家层面来看

习近平总书记指出，要"发挥数据的基础资源作用和创新引擎作用"。2020年，国家开始强调数据作为生产要素的重要性，先后印发多项文件规范数据资产管理。

2020 年 3 月，中共中央 国务院发布《关于构建更加完善的要素市场化配置体制机制的意见》，首次将数据与技术、人才、土地、资本等要素一起纳入改革范畴，提出要加快培育更加完善的数据要素市场。

2020 年 5 月，中共中央 国务院发布《中共中央 国务院关于新时代加快完善社会主义市场经济体制的意见》，加快培育发展数据要素市场，通过建立数据资源清单管理机制、完善数据权属界定等一系列标准和措施，发挥社会数据资源价值。

2021 年 12 月，国务院办公厅出台《国务院办公厅关于关于印发要素市场化配置综合改革试点总体方案的通知》(国办发〔2021〕51 号)，强调要探索建立数据要素流通规则，包括完善公共数据开放共享机制、健全数据流通交易规则等。

2022 年 4 月，中共中央 国务院发布《中共中央 国务院关于加快建设全国统一大市场的意见》明确指出，数据要素所形成的数据要素市场成为全国统一大市场建设的重要组成部分。

2. 从地区层面来看

近年来，中国数据要素市场快速成长，其规模迅速扩大。据预测，我国将于 2025 年成为全球最大的数据圈。

北京：北京筹建北京国际大数据交易所，在数据确权方、数据交易等方面提供相应服务，成为推动数据要素市场化配置的重大探索。

上海：上海数据交易所加快构建"1+4+4"体系(即"一个定位"，"四个功能""四个特征")，以期让上海成为全球数据要素配置的重要枢纽。

深圳：深圳发布《深圳经济特区数据条例》，提出探索完善数据产权，着力解决数据要素产权配置问题，为全国加快培育数据要素市场积累经验。

从北京、上海、深圳在推动数据要素市场化配置方面的做法来看，国内数据资产管理主要呈现运营主体国有化、技术应用集成化、数据要素金融化、数据产品服务化、数据流通生态化、监管多元化、政策法规体系化七个特点。

3. 从企业层面来看

近年来，各行业都在积极开展数据资产管理研究工作。下文将以案例形式展示当前部分头部企业数据资产管理的进展，主要案例有以下三个。

案例一：光大银行数据资产管理进展。光大银行已在梳理数据资产管理工作，基于自身业务需求，形成了一套符合其自身情况的数据资产估值实施方案，并将在未来推进成立联合实验室的进程，持续优化数据资产管理框架，深化数据资产运营等相关研究。

案例二：浦发银行数据资产管理实践。浦发银行通过多年数据治理成果，构建一套适合商业银行发展的数据资产管理体系。浦发银行设计出企业资产披露表"数据资产经营表格内容"，从而量化资产价值，展现经营成果。

案例三：中石化数据资产管理进展。目前，中石化数据资产管理已完成三项进展，初步完成中石化数据资产梳理和部分数据治理工作，开始数据资产应用探索；提出自身对能源行业数据资产管理建议框架；提出未来中国石化数据资产管理工作重点。

除了以上企业，阿里巴巴集团控股有限公司（简称阿里巴巴集团）、华为技术有限公司（简称华为）、京东、国家能源投资集团有限责任公司等领先企业也在展开各自的探索。阿里巴巴集团在数据资源化基础上，正进一步探索数据资产化道路。华为已具备完善的数据资源管理能力，并开始逐步探索数据资产管理。京东形成自身的数据盘点方法论及数据地图，总结了数据治理的思路方法。

6.1.2 国外数据资产管理发展情况

当前，国际数据资产研究以理论为主，数据资产应用层面探究较少，且未针对数据资产给予明确的概念定义及边界划分，对于企业应该如何致力于数据资产化的准备及过程缺乏足够的关注度。

1. 各国持续完善数据资源战略布局

数据已成为重要的战略性资源，各国纷纷加快数据领域战略布局，为挖掘数据要素价值、建设数据要素市场提供政策支撑。将数据作为战略资源开发，成为美国数据战略核心目标；欧盟委员会强调提升对非个人数据的分析利用能力；英国提出释放数据的价值是推动数字部门和国家经济增长的关键。

2. 数据开放、确权、流通成为市场化配置重点方向

各国在推动数据开发利用、加快数据市场化流通等方面发力，以推动释放数据红利、加快数据要素市场化建设。

3. 数据主权受关注程度不断上升

数据主权将成为继边防、海防、空防之后的又一大国博弈领域，主要国家和地区加快从法律上构建数据主权相关制度。总体来看，全球数字治理规则面

临重塑挑战，国际数字治理规则尚不完善。

6.2　数据资产管理体系建设

数据资产管理是将数据与资产结合的概念，包括三个阶段，即数据资源化、数据资产化和数据资本化。在数据资源化阶段，通过数据治理将原始数据转化为高可用性的数据资源；数据资产化阶段使数据能在市场进行流通和交易；数据资本化阶段让数据资产进入资本市场。重要工作包括数据标签设计、应用场景梳理、数据确权和价值评估。数据资产管理需要各部门合作确保数据合规和合理配置权益。

6.2.1　数据资产管理框架

数据资产的概念和定义是由数据和资产共同结合并衍生，从而得出。即通过对多渠道采购、采集、生产等方式，依法拥有或控制的，能进行计量并预期能为企业带来直接或间接经济利益及社会价值，以电子方式记录的数据资源。本书在中国信息通信研究院（简称中国信通院）定义的数据资源化、资产化两个阶段的基础之上，提出了数据资源化、资产化和资本化"三化"路线的数据资产管理思路，总结了一套更为全面、完善的数据资产管理框架如图6-1所示。

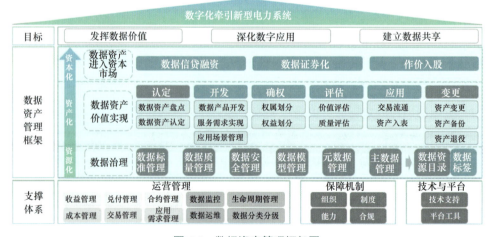

图 6-1　数据资产管理框架图

1．数据资源化

数据资源化是通过一系列数据治理工作将无序的原始数据转化为高可用性的数据资源，形成企业数据资源目录的过程。数据资源化，首先，要整合多源数据；其次，根据特定需求提取相应数据；最后，将处理后的标准化数据应用于实际场景中。

数据标准管理。数据标准管理的目标是通过制定和发布由数据的相关方确认的数据标准，结合制度约束、过程管控、技术工具等手段，推动数据的标准化，进一步提升数据质量。

数据质量管理。数据质量是指在特定的业务环境下，数据满足业务运行、管理与决策的程度。数据质量管理是指运用相关技术来衡量、提高和确保数据质量的规划、实施与控制等一系列活动。

数据安全管理。数据安全是指通过采取必要措施，确保数据处于有效保护和合法利用的状态，并具备保障持续安全状态的能力。数据安全管理是指为确保数据处于有效保护和合法利用的状态，多个部门协作实施的活动集合。数据安全分类分级成为数据安全管理的基础性、关键性工作。

数据模型管理。数据模型用于描述一组数据的概念和定义。数据模型管理是指使用标准化用语的数据要素设计数据模型，并在信息系统建设和运行维护过程中，严格按照数据模型管理制度，审核和管理新建和存量的数据模型。

元数据管理。元数据（meta data）是指描述数据的数据。元数据管理（meta data management）是数据资产管理的重要基础，是为获得高质量的、整合的元数据而进行的规划、实施与控制行为。

主数据管理。主数据（master data）是指用来描述企业核心业务实体的数据。主数据管理（master data management，MDM）是一系列规则、应用和技术，用以协调和管理与企业的核心业务实体相关的系统记录数据。

数据资源目录。数据资源目录是指企业对各类信息资源进行排序、编码、描述，便于检索、定位与获取信息资源，从而方便、快速地找到所需要的数据。数据标签可按变化频率、评估方式、来源的不同进行分类，为数据资源打上数据标签，以便充分发挥数据的价值。

2．数据资产化

数据资产化使得数据资源在资本市场进行流通、直接交付和交易成为可能。数据资产会催生以自身为核心的新商业模式，并不断孵化新的数据资产交易市场。数据资产化管理中主要包含以下几方面内容。

（1）数据资产盘点认定。数据资产盘点是对企业拥有的数据资产进行清点。通过全面梳理企业中作为资产的数据，使数据从业者明晰企业数据资产现状。

（2）数据资产开发。数据资产开发是对数据资产的创新创造，通过设计、实施数据解决方案，形成数据产品，持续满足组织的数据需求的过程。数据资产开发是一个"开疆拓土"的过程，通过研发出新产品、新体系，赋予数据资产更大的价值。通过收集、分析、总结的方法将各类数据服务需求转化为对应的系统需求。将数据应用场景通过一定的规律和逻辑进行分类汇总，最终形成的数据应用场景集合。

（3）数据资产确权。数据资产确权主要包括权属划分和权益划分。前者关注数据权益的属性及应当享有数据权益的主体；后者关注数据主体享有何种具体的权益。根据相关法律政策要求，需要明确数据权属与风险管控。数据资产权属的判断结果，决定了数据资产利益的分配及责任的划分。数据权益是内涵丰富、涉及多主体且极具价值的新型权益，难以界定数据上共存各方的利益分配。

（4）数据资产评估。数据资产评估指遵守法律、行政法规的前提下，对数据资产价值进行评定和估算，主要包括价值评估和质量评估。数据资产价值评估指遵循相关法律政策要求的条件下，选择适当的价值类型，运用科学方法对数据资产的价值进行评定估算。质量评估指主要参考数据完整性、准确性、有效性、时效性和一致性等指标，针对不同的信息系统做出定量的数据质量评估。

（5）数据资产应用。数据资产应用包括交易流通、资产入表、共享开放等方面，最大化数据资产的实际价值。交易流通指数据资产产生后，以货币等为媒介的商品买卖，实现从数据资产生产到数据资产消费的转移。数据资产的入表则需建立数据资产会计核算制度，明确账务处理及报表列示事项，全面、准确地反映数据的资产价值。

（6）数据资产变更。数据资产的状态等发生变化时，需要及时进行数据资产变更，包括数据资产变更、数据资产备份、数据资产退役3个方面。数据资产变更是指由于数据资产当前状况及预期经济利益和义务发生了变化，从而对资产的账面价值或资产的定期消耗金额进行调整。数据资产备份是指为防止出现操作失误或系统故障导致数据丢失，而将全部资产或部分数据集合从应用主机的硬盘或阵列复制到其他的存储介质的过程。数据资产退役是指数据资产在无法继续体现其经济价值的情况下，若满足触发处置条件，则进行下架退出或销毁的过程。

3. 数据资本化

大数据时代，将碎片化的数据资本化，数据资本成为一类更具创造价值的新型资本。随着数据资本占据权力核心地位，传统的市场结构、社会结构必将出现大幅调整。数据资本化是数据资产进入资本市场流通的过程，是拓展数据资产价值的途径，主要包含数据信贷融资、数据证券化和作价入股三种方式。

（1）数据资本化生产函数。数字经济时代，不仅要求劳动力具备数据分析、数据处理能力，而且要求劳动力产生数据资本。从数据到信息、再到知识的过程描述了数字革命的本质，即应用数据生产信息和知识，数据成为价值源。数据资本化需要投入劳动力、技术和数据资本，从而形成一种新型的生产函数关系。数据资产加工过程就是技术进步的过程，它表现为与数据资本积累相伴的数据处理、数据分析和数据使用能力的提高，数据资产转化为可直接推动生产力的数据资本。数据资本化生产函数为，数据生产力 = 数据资本 + 数据劳动力 + 数据技术进步。

（2）数据资本化体系架构。在数据资本化生产函数中，数据是价值创造的原材料。数据资本的兴起，需要一个全新的体系架构去厘清数据资本的有益属性，使数据资本为大众谋福利。在新型的数据资本化体系架构中，应突出体现数据资本公益性和公有制属性，充分展现数据福利价值属性和价值作用。

（3）数据资本化的优势。数据资本化彻底改变了传统的生产函数，一定程度上降低了生产成本、提高了生产效率，从而产生数据资本化的优势。在微观层面，数据资本化有助于提高信息透明度和流程管理效率，降低交易成本，提高精准的"客户画像"能力；在宏观层面，宏观经济管理能力必将实现飞跃式上升，借助数据资本提高社会风险管控能力。数据资本化正在形成新的生产方式、生活方式和经营方式，有助于重组产业结构、颠覆业务模式，以新型的数据资本提升"全产业链脉动"价值，从根本上提高制造业服务化转型发展能力。

4. 数据资产运营

数据资产运营旨在维持数据供给方和数据消费方的供需平衡，推动数据生态融合。

数据监控。数据监控是及时、有效地反馈出数据异常的一种手段。通过对数据监控观察是否异常，数据异常时，会发出数据预警，可快速定位问题环节，并进行进一步的数据分析。

数据运维。数据运维首先要寻找数据，依据此建立模型，完成数据的接入接出，最终实现数据变现，创造价值。数据运维的规模与企业规模、业务形态和运维能力有很大的关系。

数据生命周期。数据生命周期指某个集合的数据从产生或获取到销毁的过程，分为静态数据生命周期与动态数据生命周期。共计六个阶段，分别为采集、存储、处理、传输、交换和销毁，特定数据所经历的生命周期由实际的业务场景所决定。

数据分类分级。数据分类是数据资产管理的首要任务，通常是从业务角度或数据管理的角度出发，根据这些维度，将具有相同属性或特征的数据按照一定的原则和方法进行归类。

数据应用需求管理。数据应用需求要经过调研发现当前存在的问题或未解决的需求，然后对数据需求进行分析，确定需求满足的优先级，而后撰写需求文档。数据应用需求类型分为业务需求、用户需求、功能需求三类。

数据交易管理。数据交易是指交易双方通过合同约定，在安全合规的前提下，开展以加工处理过的数据本身、数据分析报告结果性文件及数据应用等形式的数据产品为主要标的的交易行为。

成本管理。成本管理是指从度量成本的维度出发，按照数据资产相关业务活动及投入的实际情况，设计计量规则，确定数据成本优化方案，实现数据成本的有效控制。

合约管理。合约管理是指结合试点的资产化或资本化价值实现场景，制成明确的数据资产价值实现各项内容的合约模板，支撑各参与方立约、签约及履约，并以此为准，规范数据资产价值实现全链条管理。

兑付管理。兑付管理是指按照合约约定，管理各相关方在数据资产化、资本化阶段通过不同价值实现方式，合规合法地完成兑付资金的过程。

收益管理。收益管理是指按照合约约定，对各相关方进行相应的收益分配。同时，综合评估各个参与方的贡献，促进后续数据资产进行公正合理的价值确定和收益分配机制运行。

5. 保障机制

保障机制包含组织、能力、制度、合规四个模块。

组织。企业为开展数据资产管理可设置组织架构，通常由数据资产管理委员会（决策者）、数据资产管理中心（管理者）和各业务部门构成（数据提供者、数据开发者和数据消费者）。

能力。数据资产管理能力包括数据资产管理的目标、指导原则、实施路线等内容。越来越多的企业将其作为企业战略的重要环节，并在战略规划阶段成立专门的数据管理部门，以连通 IT 部门和业务部门。

制度。制度体系是一套覆盖数据采集处理、共享流通等全过程的数据管理规范，保证数据资产管理工作有据、可行、可控。

合规。数据合规是数据管理的基本保障，对数据资产的全生命周期管理起到基础性支持作用。主要活动包括识别合规风险，制定防范策略，建立相应的规范和管控机制等。

6.2.2　明确各部门日常管理职责

数据资产管理是一项需要多部门配合、持续性的管理工作，应明确不同部门的日常管理职责和工作重心。

（1）数据资源化阶段各类部门工作职责划分如下。

价值管理部门。提出数据资产价值提升相关的管理要求。

数据管理部门。以数据的高质量、高可用性为目标持续推进数据治理相关工作，建设系统化的数据管理工具，建立体系化的数据资源及数据标签的管理规范及管理流程。

业务管理部门。配合进行数据治理工作，签署业务协议时向客户明确数据授权合同条款，行使告知义务。

法律合规部门。从数据安全、合规的角度完善业务协议条款，拟定数据授权条款。

（2）数据资产化和数据资本化阶段各类部门工作职责划分如下。

价值管理部门。为数据资产的价值评估建立相应的成本核算基础和估值方法基础。

数据管理部门。进行数据资产的盘点，建立数据资产管理平台实现数据资产的集中管理。根据业务部门需求进行数据应用开发和落地，确保输出结果不再包含个人或企业的敏感信息。增强数据隐私、数据安全等技术手段，为数据资产的市场化提供合规技术支撑。指派专职的个人信息安全负责人及机构，规避个人信息保护机制缺失的合规风险。详细记录个人信息处理活动，规避个人信息技术管控不足的合规风险。

业务管理部门。配合数据管理部门进行数据资产盘点。提出数据应用需求，丰富数据应用场景，提升数据价值。对数据产品进行确权，判定企业是否获得原始数据的使用授权及输出结果数据是否已屏蔽人格性权益，规避合规风险，推动数据产品的市场化和资本化。

法律合规部门。拟定数据资产交易或资本化的合同条款，对数据产品进行合规风险审查。

6.3　数据资产价值化应用

以企业现有的数据资源为基础，通过是否具备业务价值，来认定数据资产，再识别出经过一系列数据开发工作所形成的应用场景，对数据产品进行确权，如可能存在风险，需对数据产品进一步加工，消除数据产品的潜在风险后，才可进行估值、交易等工作。在估值工作中，成本归集是数据资产未来入资产负债表和采用"成本定价方法"对数据资产估值的基础；估值是数据产品流通交易定价的基础。重点包含设计数据资源价值化标签、数据应用场景梳理与分析、数据资产确权、数据资产价值评估的数据资产价值管理工作和数据资产价值化实现探索工作。数据价值化路径如图 6-2 所示。

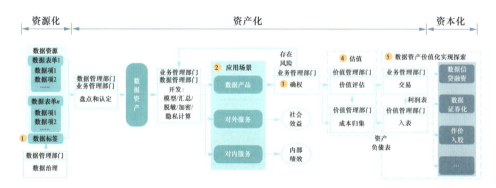

图 6-2　数据价值化路径

6.3.1　设计数据资源价值化标签

1. 数据标签的概念

数据标签是一种用来描述业务实体特征的数据形式，从微观视角，对每一条企业核心数据进行精细化管理，从而扩充业务的分析角度，便于企业快速筛查和分析数据。

2. 数据标签体系的作用

在实际的数据资产管理中，数据资源目录、数据分类、建立体系化的数据标签是相互配合、相辅相成的。数据标签体系是企业数据管理的重要内容之一，形成数据标签体系管理良性循环有助于提升企业数据管理和数据应用能力。

3. 建立数据标签体系的思路和方法

将数据标签的分类维度分设为技术选型维度、业务应用维度及安全隐私保护维度三大类。例如，按实体类型，可分为企业、个人、政府等数据标签示例；按行为，可分为供货、调度、维护、投资、招投标等数据标签示例等。

4. 数据标签与数据资产估值模型的联动设计

为支持后续数据资产估值模型的开发与落地，有针对性地增设以下与估值模型影响因子相关的技术选型维度的数据标签，如按数据产生来源，可分为外部、内部；按数据产品稀缺垄断程度，可分为高垄断程度、一般垄断程度、差垄断程度等。

6.3.2 数据应用场景梳理与分析

1. 数据应用场景的定义

数据应用场景是通过对数据的使用来解决某类问题、实现某类需求或达成某类目标的情景，是数据产生价值的出口。

2. 数据应用场景识别方法

通常确定数据应用场景有两种方法。第一种方法是采用"解读业务目标—识别实现路径—确定应用场景"的识别方法来确定没有明确需求的应用场景。第二种方法是从业务侧或外部组织获得有明确数据使用需求的应用场景。

3. 数据应用场景的分类

基于对一般大企业业务需求的理解，我们将企业的应用场景分为对外应用、对内应用两大类。相较之下，对外应用才有可能形成未来的经济利益预期，更为符合会计准则对资产的定义。数据应用场景目录如图6-3所示。

4. 企业应用场景目录

通过对数据应用场景的梳理，从而明确场景分类及应用价值，形成数据应用场景目录，帮助企业高效管理现有业务情况。对外应用的应用场景可根据应用服务对象分为面向企业类、面向政府类和面向个人类三大类。对内应用的应用场景可分为用户服务类和运营管理类两大类。

图 6-3   数据应用场景目录

5．应用场景业务分析与数据分析

数据依托于场景，从而产生可观的经济价值。为了有效归集并估算数据产品成本，需要明确数据目录所涵盖的具体内容，确定应用场景中需采用的算法与模型，总结可能涉及的成本项。

通过对应用场景的业务分析、应用场景中数据的挖掘与梳理，明确各应用场景数据资产的具体范围，清晰定位估值的对象。同时，应用场景中涉及的系统、算法与模型，将会协助估值环节明确可能涵盖的成本项。

6.3.3　数据资产确权

1．数据确权的难点及在既有法律制度中的考察

数据要成为数字资产，数据确权是不可绕开的要点。但数据本身的特性导致当前数据权属认定存在诸多困难。

（1）数据本身具有多维属性，数据本身作为多种权利客体指向的对象，无法简单纳入现有权利和义务体系内。

（2）数据的价值在流动中释放，而传统的静态赋权模式难以完全覆盖数据在不同处理环节的权益变动。

（3）数据蕴含着多元主体的权益，不同主体的利益诉求存在差异，需要综合考虑平衡各方利益。

当前，我国既有规范法律（包含物权法、合同法、知识产权法、竞争法等）均无法充分解答数据权属、保护与利用的问题。立法一直未对数据权属作出正面回应。从数据确权的司法实践来看，也面临巨大挑战。根据既有的理论与实践，适用既有规范与创设数据新型权利是关于数据权属的两类主张。然而，相关学说无法涵盖新兴的数据确权需要，未能回答实践中涌现的难题。既有制度可在一定程度上回应部分问题，却依然无法全面解答，且未能以权利的形式保护数据。因此，当前迫切需要根据数据特征探索新的确权规范。

2．国外政府层面数据确权进展

现阶段，各国现行全国性法律尚未对数据确权进行立法规制，普遍采取法院个案处理的方式。

3．国内政府层面数据确权进展

从国内看，中央及各地方政府已经意识到数据确权对数据资产价值化实现的重要性。但整体来看，数据确权尚处于起步阶段。

从全国性立法角度来看，我国保障了包括自然人在内各参与方的财产收益，却一直未对数据确权作出正面回应。

中央及各地方政府部门也在积极建立数据确权或登记平台，从实践角度推动数据确权进展。

4．国内各机构、头部企业数据确权研究总结

除了政府层面从政策和实践等各方面积极探索数据确权，我国各机构、头部企业也在尝试总结自身对数据确权工作的理解。

上海浦东发展银行股份有限公司，联合国际商业机器公司（IBM）和中国信息通信研究院在2021年度发布的《商业银行数据资产管理体系建设实践报告》，认为数据的权利体系是一种双层权利体系，底层是原始数据权利，顶层是合法的数据或数据集持有人或者控制人的数据财产权。

中国南方电网有限责任公司在2021年12月发布的《南方电网数据资产管理体系白皮书》中，通过数据权属登记管理及数据凭证管理的方式，先把数据交易各个环节流程中数据活动主体记录下来，并通过数据凭证方式，实现全流程活动的追溯和监控，作为后续数据确权法规确定后可采用的信息链。

但由于当前缺乏明确的法律法规指引，各机构仅能对数据确权的现状进行

宽泛的总结，并表达自身的观点和实践经验。

5. 数据权益的构成

数据确权本质是数据要素的权益配置，需要在不同主体间分配数据权益内容。因此，需要关注数据要素权益配置的构成，主要包括权益主体和权益内容两部分。

之所以叫作数据权益，是因为当前立法中尚未将数据权利规定为一种法定权利，而是从数据是一种新型利益的角度进行阐述。权益包括了权利和利益，因此该表述更具有统摄性和适当性。

数据权益是内涵丰富、涉及多主体且极具价值的新型权益。借鉴现有政策划分，将数据权益划分为人格性权益和财产性权益。人格性权益的数据，主要是指涉及隐私、个人信息的数据。财产性权益主要是非公共主体合法收集的、具有一定规模的数据集合。财产性权益，学术界及实务中主要从数据用益权、数据竞争性权益和数据知识产权等角度展开探讨。

其中，数据用益权包括控制、开发、许可、转让四项积极权能和排除他人侵害数据的消极防御权能。数据竞争性权益是指数据处理者享有的对第三方的限制性权益，即同行业竞争者不得不当利用其数据产品获取商业利益。数据知识产权权益是指对数据从知识产权层面进行保护。

6. 数据权益归属判定原则

数据的价值不确定性、非竞争性和非排他性等属性使得数据需要置于具体数据流转场景中才能体现不同主体的价值贡献和权益诉求。因此，在数据确权过程中，需要按照类型化、场景化、价值化的思路，体现数据在不同数据主体间权益转移的状态和数据价值增值过程，可给予多元利益主体在具体场景中细化权益诉求的方式。

类型化是指数据要素权益配置需要以不同种类、不同级别的数据为基础进行讨论，确定区分保护不同类型权益。

场景化是指基于场景进行分步式探索该场景下数据处理活动产生的互动关系、权益主体及内容，逐步建成涵盖多维度、多层次的确权规范体系。

价值化是指数据要素权益配置应沿着数据价值形成的路径展开，以数据流转及加工前后数据特征之变化为标准，有助于促成构建开放、发展的数据要素权益配置体系。

根据数据要素主体的不同，划分为个人数据、企业数据及政府（公共）数据三类。

个人数据应该在保护个人隐私的基础上，从全局统筹视角进行利用。对于企业数据，根据企业数据在收集与加工等阶段的价值形态的不同，赋予差异化财产权益保护规则。对于政府（公共）数据，由于我国社会主义体制性质，公共数据所有权应当也只能由全体人民享有，但可在尊重个人隐私及企业机密数据的基础上，促成数据的共享流通和使用，实现数据价值增值。

数据可根据在采集、加工到运营阶段等价值生产的不同阶段，赋予其参与主体差异化权益，平衡主体的价值投入和利益诉求。

7. 合规风险审查

对合规风险的识别和控制是数据确权工作中重要的一环，需明确确权环节和数据资产交易环节的合规风险审查要点。

在数据确权环节，数据的合规风险审查是针对企业内部的审查，主要包含以下三类合规问题开展相应的风险识别工作，即用户授权不合规、个人信息保护机制缺失、个人信息技术管控不足。

在数据产品的交易环节，数据的合规风险审查是针对企业外部的交易对手方的审查，主要针对两类合规问题开展相应的风险识别工作，即交易主体不合规、交易对手方个人信息保护机制缺失。

8. 总结

数据确权是立法机构、企业等相关方必须回答的课题。从国家层面看，数据权属界定不明也为政府数字治理和行业监管带来不便。政企之间数据权属规制的缺失不便于政府行使监管和提供公共服务。

而对头部企业来说，数据确权是数据资产化的基础，只有明确企业对自身拥有或采集的数据应具备的合法权益，才能帮助企业开发和利用数据资产。因此，在国内外缺乏明确数据确权法规的背景下，本书尝试明确数据的人格性权益归属、财产性权益归属及屏蔽原始数据携带人格性权益的判定条件，并以电网数据为例，分别对三种权益进行阐述。数字资产属性归属判定条件如图 6-4 所示。

数据权益归属的核心判定原则在于加工阶段输出的数据对象不应再包含自然人用户的个人或者法人用户的敏感信息，从而尽可能地规避后续在交易流通过程中产生合规纠纷风险，为面向价值化实现的数据资产化活动服务。

除规避合规风险外，判定数据处理企业拥有数据产品的财产性权益也对后续数据产品的估值、交易、入表等价值化活动奠定了基础。

人格性权益归属	财产性权益归属	屏蔽原始数据携带的人格性权益
判定规则 1）个人行为或企业经营行为所产生的数据，其数据生产者拥有该数据的人格性权益 2）数据中包含个人或企业的敏感性信息如证件号、联系方式等，信息归属人拥有该类数据的人格性权益	1）数据生产者具有该数据的财产性权益 2）被数据生产者合理授权的主体，可获得该数据的财产性权益	1）在数据输入阶段：获得合法授权 2）在数据加工阶段：通过汇总后不再包含个人或企业的敏感信息 3）在数据加工阶段：通过脱敏/加密/隐私计算等方式处理后的数据不足以判别特定个体或法人企业的信息
判定示例 1）电能表信息，包含用户的证件号地址等敏感信息，用户拥有其人格性权益 2）用户电户电量信息，由用户的用电行为产生，用户拥有其人格性权益 3）电能表运行状态信息，无用户敏感信息、非用户行为产生，国网拥有其人格性权益	1）用户电户电量信息，由用户的用电行为产生，用户拥有其财产性权益 2）用户电户电量信息，通过业务协议中的授权条款，国网获得了财产性权益	1）行业用电数据、地区用电数据，通过汇总的方式去掉了个体的信息不再具备人格性权益 2）绿色金融基础数据，通过脱敏的方式屏蔽了个体的信息，不再具备人格性权益

图 6-4　数字资产属性归属判定条件

同时，数据资产确权需要多个部门配合，才能降低最终输出数据结果的合规风险。确权工作中，关键判定事项的主要参与部门包含法务与合规部门、业务部门和数据管理部门，并且从数据采集阶段，到数据加工过程，直至数据结果的产出，均需进行相关判定工作。以国家电网公司为例，具体部门职责分工如图 6-5 所示。

数据采集	数据加工	数据加工
执行部门 **业务部门** 在业务开展过程中，向客户明确数据授权合同条款内容，行使告知义务	**业务部门** 判定原始数据的人格性权益是否归国网所有，如果不归国网所有，需判断是否被授权使用并判定数据加工逻辑能否屏蔽人格性权益	**业务部门** 判定输出的数据结果是否已经屏蔽人格性权益
管理部门 **业务部门** 拟定个人或企业用户授权国网使用其用电行为产生数据的相关法律条款	**业务部门** 通过模型、算法、匿名化等方式对数据进行加工使得处理后形成的数据产品或服务已被屏蔽了人格性权益	**业务部门** 对数据产品进行合规风险审查
判断国网是否合法获得财产性权益	判断是否屏蔽了人格性权益	合规风险较低，可进行后续的估值、交易、入表等价值化实现工作

图 6-5　数据资产确权部门职责

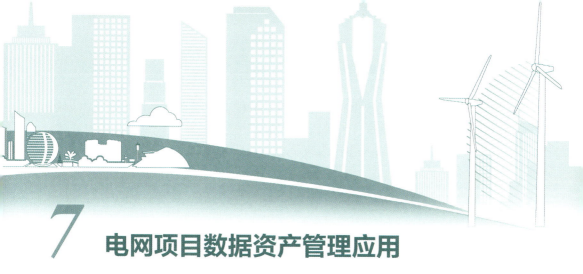

7 电网项目数据资产管理应用

数字资产是未来数字化时代的重要组成部分和核心要素之一，更加广泛地应用在数字金融、物联网、供应链管理等领域中，推动着数字经济和数字化转型的发展。掌握数字资产的投资和使用技巧，防范风险和控制风险对促进企业数据资产健康、稳定和可持续发展有着重要的意义。同时，也需要积极探索和研究数字资产的未来应用和发展趋势，为未来电网高质量发展提供更加便捷、高效、安全的数字化体验和服务。本章从数据资产估值应用、数据资产"入表"应用、数据资产资本化路径探索三个方面，阐述了数据资产应用场景，为数据资产的可持续发展提供科学支撑。

7.1 数据资产估值应用

7.1.1 数据资产估值方法

1. 数据资产的价值基本特征

相较于传统资产，数据资产存在 5 个方面的基本特征。数据资产基本特征如图 7-1 所示。

（1）非实体性。数据资产本身不具备实物形态，需要依托实物载体存在。

（2）依托性。数据必须存储在一定的介质中。

（3）多样性。数据资产具备表现形式和融合形态等多样性的特征。数据的表现形式包括数字、表格、图像、文字、光电信号、生物信息等。

（4）可加工性。数据可以被维护、更新、补充，增加；也可以被删除、合并、归集，消除冗余；还可以被分析、提炼、挖掘，加工得到更深层次的数据资源。

（5）价值易变性。数据资产的价值受多种不同因素影响，包括技术因素、数据容量、数据价值密度、数据应用的商业模式和其他因素等，这些因素随时间的推移不断变化，导致数据资产的价值具备易变性。

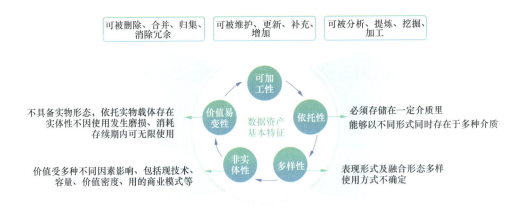

图 7-1 数据资产基本特征

2．数据资产估值假设

参考传统估值理论，在对数据资产进行估值时，通常也需要考虑假设条件。

（1）现状利用假设。指按数据资产目前的利用状态评估其价值，而不考虑未来对数据资产利用水平的提升。

（2）公开市场假设。指数据资产在市场中的交易是由自愿买方和自愿卖方在各自理性行事且未受任何强迫的情况下决定的。

（3）持续经营假设。指假设拥有该数据资产的经营主体本身可持续经营，并非针对具体的数据资产估值对象。

3．传统资产价值评估适用性分析

传统资产价值评估途径对数据资产价值评估适用性分析。

（1）成本途径。成本途径的理论基础为资产的价值由生产该资产的必要劳动时间所决定，是从资产的重置角度考虑的一种估值方法，即投资者不会支付比自己新建该项资产所需花费更高的成本来购置资产。

（2）收益途径。该途径的理论基础为资产的价值由其投入使用后的预期收益能力体现，是基于被评估资产预期应用场景，对未来产生的经济收益进行求取现值的一种估值方法。

（3）市场途径。市场途径又称为市场比较法，即按照所选参照物的现行市场价格，将被评估资产与参照物之间的差异加以量化，以调整后的价格作为被评估资产的价值的方法。

7.1.2 适用于一般企业数据资产估值方法

1. 优化成本定价法

数据资产价值＝数据资产开发价值 × 数据价值回报因子 × 数据价值增速因子，表达式为：

$$V_d = C \times \alpha \times \beta \qquad (7\text{-}1)$$

该方法的具体应用思路：以被评估数据资产基于某应用场景开发为前提，通过数据溯源分析，确定数据产品开发过程中可能发生的成本项目并进行相应的开发成本归集；结合数据资产中数据表单的复用情况、数据质量评价、数据资产对时间跨度的要求等情况，对数据资产的开发成本进行调整；就数据资产的应用维度，基于数据资产应用的场景所在行业特征，结合既定应用场景下数据产品的稀缺/垄断程度对数据产品的价值贡献/开发利润进行修正；基于数据资产多场景开发对业务可形成潜在贡献的特点，结合数据产品的潜在开发场景数量，考虑对数据资产价值的贡献程度。

2. 估值方法适用性评价矩阵

通过上述研究，提出了企业适用的估值框架及相应的估值定价方法。估值方法适用性评价矩阵，估值方法适用性评价矩阵如图 7-2 所示。

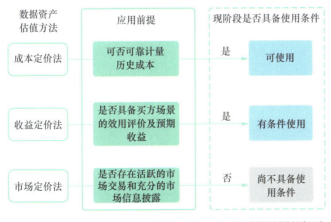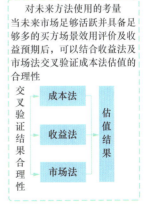

图 7-2　估值方法适用性评价矩阵

现阶段数据资产估值由于数据资产买卖双方天然的信息屏障,在对外交易场景下,数据卖方较难基于买方场景的效益/效用对数据资产进行评价,故现阶段作为数据资产的卖方较难采用收益法进行相应的估值。因此,更多情况下是基于卖方视角探索数据资产的开发价值及预期的场景价值。现阶段,在对外交易场景下,数据资产估值可采用基于成本定价法的多因子成本修正模型对数据产品的价值进行计算分析。

3. 优化收益定价法

(1)多因素修正后的增量效益折现模型。该方法同时适用于企业面向第三方提供服务的数据产品和对内向其他部门提供支持性服务的数据产品。增量效益折现模型如图 7-3 所示。

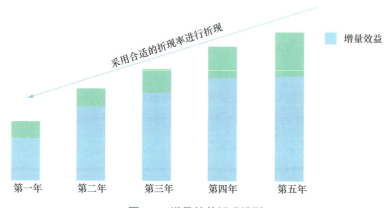

图 7-3　增量效益折现模型

该方法的具体应用步骤为:识别被评估数据资产为企业带来的赋能场景(如成本或费用的节省或运营效率的提升等);预测和计算企业在拥有被评估数据资产的情形下,未来各年度能够产生的现金流以及经营利润;假设企业不拥有被评估数据资产的情形下,预测和计算企业未来各年度能够产生的现金流和经营利润;必要时,对上述两种情形下的企业现金流进行因素修正,如考虑调整因子等;计算上述两种情形下企业现金流的差额,得到被评估数据资产所带来的增量效益;将上一步中计算得出的增量效益以恰当的折现率进行折现,得到被评估数据资产的价值。

(2)非核心资产剥离折现模型。该方法的具体应用步骤为,识别被评估数据资产在企业中所被应用的商业场景;计算被评估数据资产和其他资产共同产生的现金流,及该场景商业化的经营利润;识别与该数据资产一起共同发挥作用并与该数据资产一起对未来收益有贡献的非核心资产/要素，一般包括营运资金、固定资产、人力资源等（非核心资产）。计算非核心资产的贡献值，从被评估数据资产与贡献资产共同产生的现金流中扣除；将计算的超额收益以适当的折现率进行折现，得到被评估数据资产的价值。非核心资产剥离折现模型如图7-4所示。

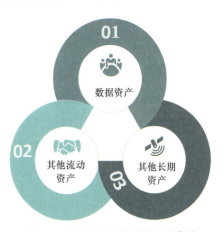

图7-4　非核心资产剥离折现模型

4. 优化市场定价法

该方法的具体应用步骤为：识别与被评估数据资产价值高度相关的驱动因素；把该驱动因素为评判标准，选取可比的交易数据资产并收集信息；在可行的基础上，基于所有识别出的驱动因素维度，对被评估数据资产及可比数据资产进行量化评价/打分，并对该因素对数据资产价值的重要程度（权重）进行分析，求取各自的综合评价系数；基于可比数据资产的交易价格和综合评价系数，得到市场价值比率/乘数；取合适的市场价值比率/乘数，乘以被评估数据资产的综合评价系数，得到被评估数据资产的价值。

对于市场法的运用，受限于交易的活跃程度，本文认为在数据资产化阶段初期，其运用将受到较大限制。

7.1.3　多因子成本修正模型具体应用说明

1. 模型估值思路说明

中国资产评估协会发布的《数据资产评估指导意见》中提出数据资产评估的成本法、收益法和市场法，其中成本法提出数据资产的价值由该资产的重置成本扣减功能性、经济性贬值确定，并提出在传统无形资产成本法的基础上，综合考虑数据资产的成本与预期使用溢价，加入数据资产价值影响因素，对资产价值进行修正，建立数据资产价值评估成本法模型，公式为：

$$P=TC \times (1+R) \times U \tag{7-2}$$

式中：P 为评估值；TC 为数据资产总成本；R 为数据资产成本投资回报率；U 为数据效用。

数据效用 U 的表达式为：

$$U=\alpha\beta(1+I)(1-r) \tag{7-3}$$

式中：α 为数据质量系数；β 为数据流通系数；I 为数据垄断系数；r 为数据价值实现风险系数。

以指引中成本法模型为基础，结合国家电网公司数据特性，考虑相关数据的可获得性和通用性，删除数据价值实现风险系数，新增数据鲜活度因子，从而提出多因子成本修正模型，具体表达式如下所示：

数据资产价值＝数据资产总成本 × 数据效用因子 × 投资回报因子，表达式为：

$$V=TC \times U \times (1+R) \tag{7-4}$$

（1）数据资产总成本 TC。

定义：数据资产总成本指会计计量时点所有与某一数据产品直接和间接相关的历史成本调整后的重置成本，其中历史成本包括直接成本和分摊后的间接成本。公式为：

$$TC= 重置后的（直接成本 + 分摊后的间接成本） \tag{7-5}$$

式中：直接成本包含人工成本、设备成本及其他成本，设备成本是指为该数据产品而采购的计算机等设备成本，如隐私计算平台硬件设备及服务器、加密软件等，其他成本是指数据加工成本、外部数据购入成本、交易费用等；分摊后的间接成本是指根据数据存储量占比对信息系统或中台运维费、数据存储费用等间接支出分摊后的成本。表达式为：

$$C = \sum_{i=1}^{n} C_i \times \gamma \times q \times \rho \tag{7-6}$$

$$C = \sum_{i=1}^{n} \left(S_i \times \gamma \times q \times \rho \right) \tag{7-7}$$

（2）数据效用因子 U。

定义：数据效用是影响数据价值实现因素的集合，用于修正数据资产成本。数据质量、数据流通、数据鲜活度、数据垄断的不同情况均会对数据效用 U 产生影响。公式为：

$$U=\alpha\beta\gamma(1+l) \tag{7-8}$$

式中：U 为数据效用因子；α 为数据质量因子；β 为数据流通因子；γ 为数据鲜活度因子；l 为数据垄断因子。

1）数据质量因子 α。

定义：数据质量是数据资产的核心，是在指定条件使用时，数据的特性满足明确的和隐含的要求程度。数据质量因子是对数据完整性、准确性、有效性等方面的量化衡量结果。若数据在汇集、共享的过程中缺少有效的数据质量标准、管理及评价体系，致使数据质量难以把控，一定程度上会影响数据结果、及进一步分析挖掘、高效流通的意义，故需要对数据质量进行量化调整。

当前，学术界对数据质量维度的评价有不同标准，如衡量完整性、活跃性、唯一性、重复性、准确性、正确性等，并提出了不同的评价方法，如专家打分法、模糊评价法、构造比较判断矩阵等。

参照 GB/T 36344—2018《信息技术 数据质量评价指标》中国家标准的数据质量评价指标框架，数据质量可从准确性、一致性、完整性、规范性、时效性、可访问性 6 个维度进行评价并量化打分。数据治理评价维度如图 7-5 所示。

准确性
数据内容对数据所指对象的描述展现是否准确及其准确程度，以及数据形式对数据内容的表述，表达是否准确及其确切程度

一致性
数据及数据的全部副本服从某种规则的约束，并对同一数据在同一时刻保持唯一值

可访问性
数据产品在约定时间长度内的可获取性，如对于数据库或某些检索类产品而言

完整性
衡量所必须的数据的完整程度如不能缺失的空值检查，以及不为空字段的占比

时效性
数据的最新更新时间或频次(也包括实际信息发生变化后，间隔多久可正确同步至数据报表)。该因素对于某些长期有效性数据可能不适用

规范性
衡量数据项值域、元数据、格式、安全是否符合相应的法律法规和行业安全规范标准

图 7-5　数据治理评价维度

目前，基于原有的数据质量评分规则、画像方法及当前成果，结合企业的实际情况建立了数据质量评分体系。该方案从基础业务质量及跨专业数据质量两个角度共计 4 个具体指标对数据质量进行评分，涵盖对数据质量的准确性、完整性与一致性等方面的评价内容。数据质量指标评分表如表 7-1 所示。

表 7-1　　　　　　　　　　数据质量指标评分表

角度	具体指标	满分	最低分
基础业务质量	问题占比	50	20
	问题覆盖单位数量	50	20
跨专业数据质量	主数据与权威数据源一致率	50	20
	问题覆盖单位数量	50	20
分数合计		200	80

基于该评分方案产出定性的质量画像结果，并赋予相应的质量画像标签。质量画像结果表如表 7-2 所示。

表 7-2　　　　　　　　　　　质量画像结果表

评价标准	标签质量画像结果
2 个角度打分合计≥80 分	高质量数据
基础业务质量打分≥80 分	专业高质量数据
2 个角度均无评分	质量未知

在企业数据资产价值评估中可基于企业目前的《数据质量评分方案》将数据质量的定量评分结果作为目前估值模型中数据质量影响因子的输入参数参与价值计算。

2）数据流通因子 β。

定义：数据流通是指某些信息系统中存储的数据表单作为流通对象，按照一定规则从提供方传递到需求方的过程。数据流通因子是衡量存储的数据表单被需求方多次浏览、下载，用于数据产品加工时对成本分摊的因子。

当某一个数据表单被用于多个数据产品加工时，若同一表单被多次引用（浏览、下载），其成本在估值中被多次相加，则未考虑数据具有可几乎零成本复制的特性。若考虑将数据表单成本在各产品间进行一定分配，由于数据的可无限复制特性，无法对数据表单的引用次数精准设置数量边界；若简单考虑将数据表单成本在已开发的数据产品中进行平均分摊，基于数据的多场景应用特点，在未来表单使用的场景数量增加的情况下，每新增一个数据产品来引用数据表单，将对前期数据产品的估值计价形成较大波动。因此，需引入某些函数来平滑调整数据多场景应用下可能产生的以上问题。

公式：数据流通因子 β 可对该表单在估值时点因表单被引用数量对其在某款数据产品价值计算时赋予的重置成本进行平滑调整，用公式来计算：

$$\beta = 1/\left[1+\text{LOG}(\text{产品引用次数}+1,10)\right] \qquad (7\text{-}9)$$

3）数据鲜活度因子 γ。

定义：数据鲜活度是因存储的数据时间跨度较长，越久远的数据对数据产品的应用价值可能越低，即需要对鲜活度不强的部分占比进行剔除。数据鲜活度因子是衡量数据因时间跨度对于产品价值的贬损的因子，从而对其成本开发价值进行一定程度的修正调整。该调整因子的设定，可基于估值时点数据表单中对于数据信息录入的时间维度进行分段，并对不同时期（年份）的数据赋予不同的价值贬损率。

如数据产品的数据年限跨度为最近 3 年，故该数据产品引用的各张数据表单中最近 3 年的数据无须考虑时间有效性因子，之后每 3 年对数据表单的重置成本考虑贬损。

4）数据垄断因子 l。

定义：数据资产的垄断程度是由数据行权主体决定的，即该数据资产所拥有、行权主体的数据量占该类型数据使用主体总量的比例，可通过数据最终生产（使用）者在整个行业领域内的数据占比衡量。

数据垄断因子系数表示为：数据垄断系数 = 数据行权主体数量 / 行业总数。在实际应用中，可对所获取的数据进行简单分类，数据垄断因子 l 赋值表如表 7-3 所示。

表 7-3　　　　　　　　　　　数据垄断因子 l 赋值表

数据类型	数据垄断因子 l 赋值
公开 / 开放数据	0
非共享数据	1
共享数据	使用数据量 / 数据最终生产（使用）者在整个行业领域内的数据

实际可根据不同数据类型的重要程度及数据量占比对各类数据赋予权重，再进行加权计算数据垄断因子。

（3）投资回报因子 $1+R$。

数据资产的价值，除需要考虑数据自身属性特点相关的调整因子外，还需要考虑数据资产开发价值的投资回报因素，即数据产品开发的成本补偿或开发回报率。

以国家电网公司为例，投入的开发成本补偿可参考电网企业监管电价准许收益的思路，准许收益率确定公式为：

$$准许收益率 = 权益资本收益率 \times (1 - 资产负债率)$$
$$+ 债务资本收益率 \times 资产负债率 \tag{7-10}$$

从市场化角度考虑，也可参考同类产品的必要回报率、行业或可比公司平均利润率指标或净资产收益率指标，或同行业或企业自身的加权平均资本成本回报率（WACC）。实务上，建议可选取国务院国有资产监督管理委员会（简称国资委）发布的《企业绩效评价标准值》（2021 年）所对应的不同应用场景行业相关的净资产收益率标准值作为基础的收益率。

在此基础上，应同时考虑数据的稀缺性、垄断程度、数据热度等因素，综合对该基础回报率进行调整。即当该数据产品服务的行业越有发展前景，且行业中该类型数据产品越稀缺，数据产品对该行业便越垄断，则投资者对其要求的回报率水平越高。

2021年的《企业绩效评价标准值》中分行业的净资产收益率（节选）如表7-4所示。

表7-4 　　　　　　　　　　　　　净资产收益率

行业	优秀值	良好值	平均值	较低值	较差值
食品工业	13.4	8.9	4.9	-0.7	-3.9
纺织工业	9	5	1.9	-1.8	-5.6
医药工业	15.4	11	10	2.9	-2.3
机械工业	13.9	9.2	4.9	0.2	-6.2
电子工业	12.1	9	6.5	0.2	-6
电力工业	10.1	7.2	4.3	1.4	-2.1
轻工业	15.6	8.8	5.2	-1.8	-6.8
建筑业	12	6.5	4.8	1.7	-0.3
…	…	…	…	…	…

针对5档标准值的选取，企业可对数据产品进行市场调研，寻找中国市场类似的数据产品/竞品的数量，判断企业开发的数据产品在该适用场景下的稀缺垄断性，对5档标准值进行选择。当该行业中类似的数据资产越少，则企业开发的数据资产越有创意、稀缺/垄断程度越高，其价值越高，在市场上的议价能力就越高，则可选择高于平均值水平的回报率。竞品数量与5档标准值选取对照表如表7-5所示。

表7-5 　　　　　　　　竞品数量与5档标准值选取对照表

公开市场类似数据产品/竞品数量	选取档
0个≤竞品数量≤10个	优秀值
10个<竞品数量≤20个	良好值
20个<竞品数量≤50个	平均值
50个<竞品数量≤100个	较低值
竞品数量>100个	较差值

随着数据资产的持续发展，数据资产的适用行业、稀缺程度，及数据资产管理者认为，合适的投资回报率指标可能会发生变化。因此企业可综合前述因素的实际情况形成相应的调整机制，包括进行市场竞品调研的频率、参数的更新频率、参数的适用性、开发回报水平是否符合预期等。

7.2　数据资产"入表"应用

对于一个企业而言，资产如何进行入表是企业最为关注的问题之一，尤其是数据资产这种较为"时尚"的全新领域，目前国内外暂未形成较为成熟的一套标准体系。本书对数据资产会计"入表"现状进行调研分析，发现主要存在两个问题。一是数据资产及数据资源的列报方式仍不明确。数据资产入表是数据价值的账面化体现，但数据资产和数据资源具体应如何在报表中列示，尚未有明确的规定。为了"入表"价值的准确性，仍需进行细化和明确。二是数据资产具体的分类尚不明确。根据《企业数据资源相关会计处理暂行规定》（财会〔2023〕11号）（简称《暂行规定》）来看，数据资产的分类原则已确定，但数据资产的具体分类尚未有明确的定义，一些难以界定的数据资产需结合企业自身业务特点和实际情况进行具体定义，定义的不同最终会影响最终的"入表"科目。

如今《暂行规定》的颁布，意味着国家在政策层面上给予了适当引导，为未来学界研究指明了方向。《暂行规定》中明确了数据资产"入表"的相关项目：存货和无形资产。在这样的"入表"设置下，按业务模块进行分类有望成为解释《暂行规定》相关内容并解决数据资产"入表"会计处理相关问题的有效方案。以业务模块的视角对数据资产进行会计处理，在实务操作中也有可行性、逻辑性。本书基于对《暂行规定》的理解，总结出一套可给国资国企提供参考的"入表"规则，具体做法如下。

7.2.1　数据资产确认

数据资产会计处理的研究，离不开对其所属科目进行确认。数据资产的确认作为一个新命题，近年来在学界引起了广泛讨论，观点大致可分为三派：表内确认观、表外披露观及无需确认观。

1. 表内确认观

由于决策有用观影响，部分学者认为数据资产的确认能够辅助财务报告使用者进行决策，因此应当将满足资产定义的数据确认为数据资产。黄世忠（2020）认为，表内确认相较于表外披露更能够体现资产负债表的完整性，同时在功能作用上也不是表外披露所能替代的。欧洲财务报告咨询组（EFRAG，2021）提出多种观点，认为可将自创数据资产全部确认为无形资产，也可选择设置初始计量门槛，达到门槛值后确认为无形资产，或是对数据资产进行持续性的评估，判断数据资产是否达到无形资产确认条件。刘国英等（2021）提出，可借助国内数据管理成熟度评估模型（DCMM）的评估结果，依照国际会计准则理事会（International Accounting Standards Board，IASB）概念框架中的相关定义，对不同业务模式下的数据资产，进行会计意义上的确认。表内确认观的支持者们基于数据资产自身价值的角度，从宏观上提出数据资产入表有着必要性。

根据以上观点，从数据资产的用途来看，对外交易的数据资产若以"出售"为最终目的，从性质上看更像是一种"信息产品"，如数据资产提供商出售数据资产是其主营业务，在这种情况下，数据资产就属于存货。对于其他企业而言，如果数据资产的出售和交易频率不足以被认定为日常经营活动，则不能作为存货核算，只能作为无形资产核算。国际财务报告解释委员会（International Financial Reporting Interpretations Committee，IFRIC）关于加密货币这类数字形态资产的论述也表明，对于部分交易主体（如经纪交易商）对外交易的加密货币适用国际会计准则理事会（IASB），说明非实物资产也能符合存货的界定并适用于存货会计准则，这对制定对外交易数据资产的会计规范具有参考价值。

综上所述，以外部出售数据资产为主营业务的企业，可在数据达到可供出售状态时将获取或开发该数据的相关支出确认为存货，在初始计量时计入"存货商品——数据资源"。

2. 表外披露观

企业数据资产存在着的一些固有特性，决定了数据资产难以在财务报表中进行准确计量。数据资源在所有权与控制权权属、使用价值与公允价值估计，以及数据减值风险上存在不确定性，因此主张数据资产可在企业财务报表附注或管理层讨论和分析中予以披露（季周，2022）。在实际操作中，有部分企业会根据具体的经营和统计情况，自愿地对数据资产进行披露。披露信息主要包括资产的基本情况，如数据资产的来源、获得方式、生命周期、收益能力等（康雅雯，2022）。

3．无须确认观

无须确认观认为利润是企业有形资产和无形资产综合产生的经济增加值，企业无需辨认、确认和计量（季周，2022）。部分学者因此认为数据资产类似于商誉，其寿命与价值不确定，不可通过货币计量、不可辨认，故而无需进行确认。投资者的决策依据可通过利润表与资产负债表之间的勾稽关系分析得出，既不需要在表内确认数据资产，也不需要在附注中披露数据资源。

通过对于三种观点的深入解读，发现三种观点都有一定道理，核心观点并不冲突，可依据实际各取所长。表内确认观的核心难点在于部分数据资产可能无法准确计量，同时在科目选择时可能面临"无形资产"与"存货"分类不清的问题；但从决策有用观的角度分析，数据资产入表更能体现出数据对于企业经营发展的重要作用，并反映出企业数据资源的真正价值，从这一点上看，数据资产"入表"有其必要性。无须确认观则太过极端，在信息数据作用越发凸显的大数据新时期，忽视了数据资产辅助决策的重要作用。表外披露观的优势则是恰好能弥补表内确认观的短板，能规避企业在确权和成本、价值估计中的不确定性，且不像无需确认观那样极端，能够对数据资源的大部分信息进行披露。但这并不说明表外披露观是最佳选择，其核心问题在于忽视了可资本化数据资产的数据资源，数据资源在满足资产的确认条件时，应当在资产负债表中有所体现。

4．附注中披露

企业所存储的一切有未来价值的数据，在未资本化为数据资产时，都以数据资源的形式体现在附注披露中。

5．资产负债表中披露

若数据资产业务模式所产出的成品为具有实体的有形资产并以出售为目的，此时数据资产在实质上作为存货商品的一部分，依照《暂行规定》的相关会计处理，该数据资产符合《企业会计准则第 1 号—存货》（财会〔2006〕3 号），应以"库存商品"为一级科目，"数据资源"为二级科目；若数据资产业务模式最终无实体成品产出，或是成品供辅助企业经营决策使用，此时依照《暂行规定》的相关会计处理，该数据资产符合《企业会计准则第 6 号—无形资产》（财会〔2006〕3 号），以"无形资产"为一级科目，记为"无形资产——数据资源"。

6．不予披露

对于不可辨认、成本价值不可计量，或是企业管理层明确表示不再使用的数据资源，可考虑从无需确认观出发，在后续会计期间内，不对其进行会计处理。

以上的披露方式综合了三种确认观的优势，当数据进入企业时，以表外披露观为缓冲，初步筛选可资本化的数据资源，并在附注中注明来源、寿命等，其功能定位与数据仓库相似，用以存放有未来商业价值而又暂未得到处理的数据资源；以表内确认观为主导，将附着于各业务模式内的符合资本化条件的数据资源，转为能够在财务报表内反映的资产，有利于企业开展后续经营、决策，使企业财务报表组成更具完整性；以无需确认观为辅助，忽视不再具有商业价值的数据资源，节省数据储存空间与数据处理工作，降低日常会计处理压。数据资产确认流程图如图 7-6 所示。

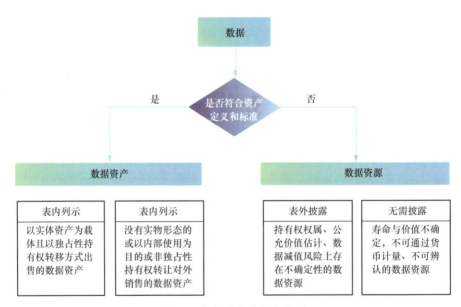

图 7-6　数据资产确认流程图

7.2.2　数据资产计量具体处理

1. 数据资产的分类明确

数据资产的科目与业务模式间存在着强关联性，应当根据数据资产的属性，分别计入"存货"与"数据资产"，并在后续计量中按照各自计量原则进行记录。企业依据业务模式分为：将以实体资产为载体，以独占性持有权转让为持有目的的数据资产，处于可直接使用状态时，按照存货类别进行数据资产确认；将满足数据资产确认条件，但尚不满足存货确认条件的其他数据资产均计入无形资产。将没有实物形态的或以内部使用为目的或非独占性持有权转让对外销售的数据资产，处于可直接使用状态时，按照无形资产类别进行数据资产确认。其中，容易引起争议的是"以实体资产为载体且持有以备自用的数据资产"的科目设置问题，由于数据资产的可附着性，该类数据资产以实体资产为载体，外部表现为有形资产形式。但考虑其持有目的为自用，并非持有待售，不符合"存货"的确认要求，因此无法作为"存货"进行计量。对于企业而言，持有以备自用的数据资产，无论形式如何，其目的都是为了帮助企业进行决策，因此可视为内部数据资产相互之间的作用关系在协同发挥作用，此时的实体资产仅仅是这些数据资产产生作用的媒介，在本质上依然应当属于无形资产。数据资产分类流程如图 7-7 所示。

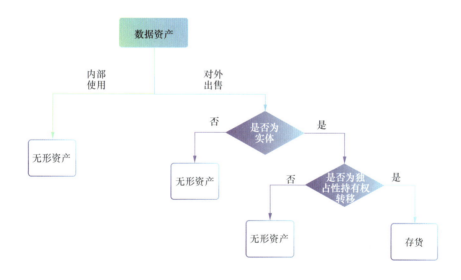

图 7-7　数据资产分类流程图

2. 数据资产初始计量

（1）记入无形资产——数据资源。

在研发阶段需参照《企业会计准则第 6 号—无形资产》（财会〔2006〕3 号）中"研发支出"的相关规定。研究阶段的所有支出应作费用化处理，借记"研发支出——费用化支出"，期末结转进"管理费用"中。开发阶段发生的所有成本应对符合资本化条件的进行资本化处理，借记"研发支出——资本化支出"。

其中，为使数据资产达到可使用状态而发生的加工费用，贷记"银行存款"；相关加工设备的折旧，贷记"累计折旧"；过程中的加工人员薪酬，贷记"应付职工薪酬"；外购的研发材料成本，贷记"原材料"。

数据处理阶段，不符合资本化条件的支出，如日常维护费、储存费等投入应当予以费用化处理，借记"研发支出——费用化支出"，同上贷记"银行存款""原材料""应付职工薪酬""累计折旧"等科目。期末将"研发支出——费用化支出"归集并转入"管理费用"中，借记"管理费用"，贷记"研发支出——费用化支出"。

开发进程中断，开发阶段已确认无法达到预定用途的"研发支出——资本化支出"，如公司决定不再进行开发，应将已经资本化的部分支出转入当期营业外支出。借记"营业外支出"，贷记"研发支出——资本化支出"。

通过外购方式取得确认为无形资产的数据资源，应计入无形资产成本的金额，借记"无形资产——数据资源""应交税费—应交增值税—进项税额"等科目，贷记"银行存款"等科目。

（2）记入库存商品——数据资源。

应采用历史成本法，需将数据脱敏、清洗、标注、整合、分析、可视化等加工环节的相关费用计入"存货"成本，借记"库存商品"，贷记"生产成本——加工支出"；同时，借记"生产成本——加工支出"，贷记"银行存款"；开发工具的折旧如有外购材料辅助加工，则贷记"原材料"；若另有在过程中发生的加工人员薪酬，贷记"应付职工薪酬"。

3. 数据资产后续计量

（1）无形资产——数据资源。

1）无形资产摊销。由于数据资产的更新速度极快，相较于无形资产而言，数据资产的时效性更强。学界讨论为保证会计信息的相关性，部分学者认为应采用加速摊销法，在5年内摊销完毕。另有部分学者认为应当采用直线法进行摊销，摊销金额应为成本扣除预计残值的差额。以上结论适用于寿命可确定的数据资产，可参照企业内部报废年限确定使用寿命，或依靠企业设置的频次等确定使用寿命。计入当期损益或相关资产成本，贷记"无形资产累计摊销"。但在实务中，主要存在着使用寿命不确定的数据资产，按照会计准则的相关规定，对于此类无形资产，无需对其进行摊销。

2）无形资产减值。数据资产的价值极易浮动，无法持续按照既定价值计量，需要频繁地进行减值测试。在业务模式的视角下，可通过针对其附着的业务模式及共同产生现金流量的资产组进行减值测试，比较账面净值和预计可回收金额最终确定数据资产的减值。借记"资产减值损失"，贷记"无形资产减值准备"。

公司应当在每个会计期间对使用寿命不确定的无形资产的使用寿命进行复核。如果有证据表明无形资产的使用寿命是有限的，应当估计其使用寿命，按使用寿命有限的无形资产的有关规定处理。

（2）库存商品——数据资源。

库存商品跌价，资产负债表比较存货可变现净值与期末价值之间的差额，借记"资产减值损失"，贷记"存货跌价准备"。

4．数据资产终止计量

数据资产终止计量包括对数据资产的报废、处置。

（1）无形资产——数据资源。

1）无形资产报废。当数据资产预期不能为企业带来未来经济利益的，应当将该无形资产的账面价值予以转销，其账面价值转作当期损益，借记"营业外支出""累计摊销"，贷记无形资产——数据资源。

2）无形资产处置。按照无形资产进行核算的数据资产，由于数据资产的本身特性，利用无形资产对客户提供服务获取的收入。借记"银行存款"，贷记"主营业务收入"或"其他业务收入"或"营业外收入"，"应交税费—应交增值税（销项税额）"。同时，结转成本，借记"主营业务成本"或"其他业务成本"或"营业外支出""累计摊销"，贷记无形资产——数据资源。对于尚未确认为无形资产的数据资源，企业利用数据资源对客户提供服务的，应当按照收入准则等规定确认相关收入，符合有关条件的应当确认合同履约成本。

（2）库存商品——数据资源。

1）库存商品报废。当数据资产预期不能为企业带来未来经济利益，已需要被淘汰时，提报存货报废申请，经批准前，应将报废的存货转入待处理财产损溢科目，借记"待处理财产损溢"，贷记"库存商品"。报经批准后，区分不同情况进行处理。

2）库存商品处置。按照"存货"进行核算的数据资产，会将其所在的数据资产进行交易出售。借记"银行存款"，贷记"主营业务收入"或"其他业务收入"，"应交税费—应交增值税（销项税额）"。同时，结转成本，借记"主营业务成本"或"其他业务成本""存货跌价准备",贷记"库存商品"。

7.2.3 数据资产列报与披露

根据数据资产确认"入表"逻辑,符合数据资产定义和标准的数据应确认为数据资产,不符合数据资产定义和标准的数据应确认为数据资源,无论是数据资产还是数据资源,都需要以一定的方式在报告中进行列报和披露。已有研究也在不断挖掘关于数据资源应用的价值相关的表外增量信息,《暂行规定》的"其他披露要求"中明确提到企业可自愿披露未确认为资产的数据资源相关信息,并列举了可披露的其他与数据资产及其应用有关的价值相关信息项目,由此可以看出,其虽未强制要求企业披露数据资源价值相关信息,但肯定了表外披露对表内列示的重要补充作用。报告的方式既可通过表内反映和附注说明,也可通过管理层评论等方式进行披露。列报和披露需要体现数据资产和数据资源信息的可理解性和相关性,需要基于不同的业务模式逻辑对不同的数据类别进行针对性列报和披露。

基于以下两个原因,主张数据资源应在附注中进行披露:一是单独的数据资源在未加工、整合时难以为企业决策或交易提供价值,但其来源、寿命等信息应当在披露中进行注明,以便后续对有资本化可能的数据资源进行筛选和利用;二是在附注中进行披露不会造成表中资产价值的虚增,不会影响财务报表使用者们对企业经营情况的判断。

以下几种情况需要基于不同的业务模块逻辑对不同的数据类别进行有针对性的列报和披露。

(1)非实体资产为载体或持有以备自用的数据资产,确认为无形资产。应当按《暂行办法》的规定在报表附注中披露这些内容:账面原值金额及组成;累计摊销金额及组成;减值准备金额及组成;账面价值金额及组成;使用寿命的估计情况及摊销方法;使用寿命不确定的判断依据;摊销期、摊销方法或残值的变更内容、原因及对当期和未来期间的影响数;单独披露对企业财务报表具有重要影响的单项数据资源无形资产的内容、账面价值和剩余摊销期限;所有权或使用权受到限制的数据资源无形资产,以及用于担保的数据资源无形资产的账面价值、当期摊销额等情况;计入当期损益和确认为无形资产的数据资源研究开发支出金额;减值有关的信息;划分为持有待售类别的无形资产有关信息等。

（2）以实体资产为载体且持有待出售的数据资产，确认为"存货"。企业应当按《暂行办法》的规定在报表附注中披露这些内容：账面原值金额及组成；"存货"叠加准备金额及组成；账面价值金额及组成；确定发出数据资源存货成本所采用的方法；可变现净值的确定依据、"存货"跌价准备的计提方法、当期计提的存货跌价准备的金额、当期转回的"存货"跌价准备的金额，以及计提和转回的有关情况；单独披露对企业财务报表具有重要影响的单项数据资源"存货"的内容、账面价值和可变现净值；所有权或使用权受到限制的数据资源"存货"，以及用于担保的数据资源"存货"的账面价值等情况。

（3）所有权与控制权权属、公允价值估计、数据减值风险上存在不确定性的数字资源，应当披露这些内容：未确认为数据资产的原因；与这些数据资源相关的支出；这些数据资源在价值创造中发挥的作用；如何对这些数据资源进行管理。

（4）寿命与价值不确定，不可通过货币计量、不可辨认的数据资源，无须进行会计处理，但仍需在报告中进行列报和披露，对这一部分数据进行进一步的说明，确保数据资源列报的全面性。

7.3　数据资产资本化路径探索

本章节主要讨论数据资产在信贷融资、出资入股和发行有价证券等方面的应用。在信贷融资方面，数据资产作为质押品需面对评估难题和缺乏法律法规规范等挑战，建议政府和银行出台有效措施，完善相关法律法规，并提供专业中介服务。在以数据资产出资入股方面，由于数据资产的特殊性，需探索新的入股方式和估值标准。最后，在发行数据资产有价证券方面，需选择优质的基础资产，并采取有效的增信措施来降低风险。在发行有价证券方面，政府应完善数据资产证券化法律法规，推动发展相关的专业服务机构和数据资产交易市场，建立数据资产权益登记制度和强制性信息披露制度以提升数据资产证券化的透明度和有效性。

7.3.1　数据资产的信贷融资

数据资产的信贷融资是通过数据资产作为一种资产或未来预期收益的增新方式获得金融机构的融通资金。数据资产具备经济价值，且同时满足财产属性、可转移性等要求，适用于质押的方式进行信贷融资。

区别于不动产，数据资产价值不易量化且难确定、稳定性较低、评估风险较高，缺乏实用性的方法对数据资产进行价值实现可能性的预测。迄今为止，数据资产质押信贷融资的法律法规不健全，以及银行质押风险管理困难；企业缺乏相关意识、配套措施和中介服务不完善、缺乏交易市场的支持；中小企业诚信缺失等也是导致数据资产质押存在困难的因素；同时，现行数据资产会计、评估体系不完善，缺乏完善的配套措施和中介服务，制约了数据资产质押的发展。

基于以上困难和障碍，使数据资产价值较难确定，存在减值风险和变现困难。政府、银行等部门应推出行之有效的保障和发展措施，尽快建立健全法律法规、明确操作方式、设立质押业务管理部门、建立专门市场；银行应重新审视传统的贷款理念，加快金融模式创新；评估、法律等中介服务机构应积极参与，根据数据资产质押的特点，不断提高专业服务技能和水平。

7.3.2 以数据资产出资入股

以数据资产出资入股是以数据资产作为资本股份，投入合资经营或联营企业，从而取得该企业的股份权的行为。在科技快速发展的时代背景下，数据资产价值逐渐得到普遍认可，多个有关部门发布了相关法律政策要求，鼓励加快培育数据要素市场，新《中华人民共和国公司法》也已经取消了对无形资产入股的比例限制。然而，由于数据资产自身的特点，一些要求较难界定和衡量，导致在数据资产确权、估值定价等方面尚无统一标准，有待完善。后续数据资产入股可参考当前版权、专利权等无形资产入股方式，明确资产权益及主体、估值后进行入股方式的探索。

7.3.3 发行数据资产有价证券

资产证券化是指以基础资产未来所产生的现金流为偿付支持，通过结构化设计进行信用增级，在此基础上发行资产支持证券的过程。基于对政策要求和实践模式的探讨，提出对促进包括数据资产在内的其他类似无形资产的证券化发行及风险防控的建议。

1. 选择优质的基础资产

资产证券化过程中最核心的内容就是基础资产是足够优质的，在满足法规要求的同时，其产生稳定现金流的能力是决定整个证券化过程能否成功的关键。所以，企业应在无形资产类别的选择上充分考虑政策要求，选择权益争议少、持续带来现金流能力高的基础资产。此外，企业也需关注有关基础资产的实质调查。

2．选取合适的证券化类型模式

现有无形资产的衍生债权是当前成功发行的无形资产证券化模式最为普遍和安全的类型。以新增标准化金融债权，如融资租赁模式、供应链模式、小额贷款模式等构造合规基础资产，将"未来收益权"转换为"既有债权"，经过外部增信使得金融债权合约的本息得以按时实现，可加强基础资产"可预测和可特定化"方面的法规监管要求。后续数据资产证券化也可考虑该类方式。

除了当前普遍应用的资产衍生债权类型模式，国外存在比较成熟的将投资信托基金模式广泛应用于多类资产的证券化中的做法。类比到数据资产证券化，可通过数据信托（项目公司）形式明确数据资产的收益安排、重置数据主体与数据控制人之间的权益结构，可使数据资产增值部分的利益归属按照委托人意愿进行设计和分配。

3．引入稳定的交易结构

由于无形资产证券化中难以特定化、现金流不稳定等问题，多个研究学者认为引入双特殊目的公司（special purpose vehicle，SPV）结构来使基础资产特定化和现金流稳定化。

所谓双 SPV 结构，即在证券化产品结构中同时存在两个专项计划 SPV，SPV1 主要实现破产隔离和基础资产特定化，SPV2 主要用于交易结构化设计而发行资产支持证券。受托人通过设立资金信托（SPV1）用来收取原始权益人的信托资金并向融资人发放信托贷款，融资人利用其应收账款的收益进行还本付息，并用其无形资产向信托公司作抵质押担保，与此同时，原始权益人从 SPV1 处获得信托受益权；原始权益人将该信托受益权转让给专项计划（SPV2）并以该专项计划发行资产证券化。通过设立 SPV1（通常为信托）将基础资产由法律上未明确界定的收益权转换为债权，再转让给 SPV2（通常为专项计划），双SPV 模式实现了现金流的特定化和可预测，是后续无形资产证券化可考虑加强现金流稳定性的交易结构。双 SPV 结构示意图如图 7-8 所示。

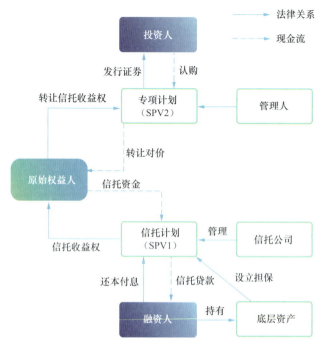

图 7-8　双 SPV 结构示意图

4．采取有效的增信措施

内部增信措施可降低原始权益人融资成本，无须向第三方付费，但会受到杠杆比例、既有现金流等额度的限制，只能提供有限风险补偿；外部增信措施的加强对投资者进行风险补偿，但依赖于外部增信者的履约能力和偿还能力，而且提高了融资费用。为了防范数据资产证券化的特有风险，须在设计时考虑真实有效的、内外结合的增信措施。首先，作为原始权益人的企业需运用多种内部增信方式保证基础资产现金流稳定性和可预测性，并且企业及其相关方可承诺保证证券化产品可兑付。同时，企业也可考虑引入包括担保公司在内的第三方，为资产证券化加上双重保险。

当前，数据资产证券化的重要风险来自外部，如政策法规、实操机制等不完善，想要促进数据资产证券化发行，除了企业内部可采取的措施，也对未来立法、监察等相关机构促进数据资产证券化可探索的方向提供了建议。

（1）进一步完善数据资产证券化法律法规设计。完善资产证券化相关法律法规，特别是基础资产适格标准是首要建议。当前，资产证券化依赖的很多政策来源于国务院相关部门发布的指导意见和管理规定，还有些规定仅以通知形式发布，效力层级低，有关基础资产定义也是用"定义＋举例"的方式。法规制度设计有必要对不同无形资产进行区分，明确依据各类无形资产的特性，认定其是否可纳入证券化的范围内，并且就证券化过程中涉及资产权属、市场准入、后续会计处理及监管方面制定细则做出明确规定。通过明确基础资产证券化的适格标准，避免后续导致证券化中断造成的投资人损失。当前，资产证券化审批主要通过备案制，对于资产证券化的审批和运转流程做到了简化和审批效率的提高，但建议对审查内容和标准进行进一步的细化，为资产证券化相关方申请发行的准备工作提供更明确的指引。

（2）促进数据资产证券化专业服务机构发展。包括数据资产在内的无形证券化产品运行可能存在基础资产难以估值、基础资产现金流不稳定导致产品难以评级等问题。然而，当前数据资产证券化过程中涉及的中介机构包括信用评级机构、资产评估公司及各类事务所等发展尚不成熟，配套政策尚未推出。数据资产估值也是资产证券化亟待解决的问题，当前估值机构对数据资产的估值方法与体系尚不成熟，普遍采用有形资产估值方法，需要国家给予相关资产评估公司政策制度层面及评估技术层面的支持，构建专门针对数据资产特殊属性估值制度，保证对数据资产价值估值的真实性、准确性和有效性。此外，加快如数交所在内数据资产交易市场平台建设及其交易流程、规章制度的细化，规范引导中介服务机构在交易过程中的作用及平台发展，才能提振数据资产证券化参与方的信心，有利于提升数据资产流动性，使其价值更好地实现。

（3）建立数据资产权益登记制度。数据资产在收集、加工过程中涉及多个相关方，权益共享情况的可能性导致基础资产可能存在权属不明确的风险。我国的数据资产可借鉴权益登记制度，依照数据资产价值产生路径或不同主体权益生成进行登记，来明晰不同受让人的权益范围、衍生的债权状况，则可对该等资产证券化的不利影响得以控制。不同主体的权益登记制度本质上表达了公示效果，一方面，提醒发起人对证券化资产的分割使用，应谨慎实施以免影响权利金收益的有效转让；另一方面，也方便投资者对该数据资产的权益状态进行查询，评估自身投资风险。近年来，已经有部分政府机构和企业开始探索数据资产权属公共凭证，但具体登记的规章制度、依据的标准及登记的平台，建议还是由更高层级权威政府机构进行统一的研究和确认。

（4）建立证券化资产强制性信息披露制度。传统资产证券化风险信息披露主要集中于证券发行人自身经营和管理的有形资产相关的风险因素，投资者可直观理解账务。数据证券化涉及的资产，是一般人在日常生活中接触较少、难以驾驭的无形财产，且由于数据资产的特殊属性，数据证券化的交易结构、涉及主体及权益关系比较复杂，因此数据资产证券化资产信息披露制度和要求应该更为细化、明确，可重点关注基础资产权益主体情况，未来现金流稳定、可预测的假设依据，采用估值方法的合理性等，进行有针对的数据资产整体风险的披露制度设计。

参考文献

[1] 何科雷，曾鸣，乔红. 基于系统动力学的电网投资优化模型研究 [J]. 陕西电力，2015，43（12）：62-65.

[2] 刘跃，刘凤娥. 新电改形势下电网企业发展的机遇、挑战与对策 [J]. 国网技术学院学报，2015，18（6）：69-71.

[3] 赵会茹，符力文. 电网企业投资能力的量化研究 [J]. 水电能源科学，2012（04）：191-194.

[4] 许晓敏. 基于电力需求和投资能力的复杂电网优化投资决策研究 [D]. 北京：华北电力大学，2017.

[5] 陈翔. 佛山供电局电网投资预测的分配模型的研究与应用 [D]. 广州：华南理工大学，2016.

[6] 樊俊花. 基于数据挖掘技术的投资能力预测模型研究 [D]. 太原：山西财经大学，2016.

[7] 谭圆圆. 投资政策不确定条件下的寡头发电投资决策研究 [D]. 长沙：长沙理工大学，2012.

[8] 李军. 模糊随机多目标决策模型及其在资产组合选择中的应用 [D]. 成都：四川大学，2007.

[9] 何琬. 电网企业投资绩效评价研究 [J]. 技术经济，2011，30（1）：78-84.

[10] 赵良. 适合我国国情的智能电网评价指标体系及计算方法 [J]. 电网技术，2015，39（12）：3520-3528.

[11] 陈星光. 一种通用的城市交通多准则多属性综合评价方法 [J]. 数学的实践与认知，2018，48（1）：176-184.

[12] 赵程伟，董雄报，洪青. 基于 Z-number 折衷排序法的工程评标决策模型 [J]. 土木工程与管理学报，2017，5(3)：114-118.

[13] 任华茜. 基于动态规划的房地产多项目多阶段资金分配研究 [D]. 绵阳：西南科技大学，2016.

[14] 刘超，白玲. 基于 AHP-Fuzzy 农业机械项目发展排序模型及应用 [J]. 中国农机化学报，2013，3(2)：42-45.

[15] 李一，孙林岩，薛晓芳. 行为经济学视角下的多项目优先级排序 [J]. 科技进步与对策，2012，1(2)：27-30.

[16] 张嘉智. 基于 AHP 的通信项目资金分配管理研究 [D]. 武汉：华中科技大学，2012.

[17] 胡宝清. 模糊理论基础 [M]. 武汉：武汉大学出版社，2010.

[18] 夏志杰，胡克瑾. 政府信息化项目预算分配模型 [J]. 决策参考，2007，8(1)：62-64.

[19] Afrifa G A（2016）. Net working capital, cash flow and performance of UK SMEs[J]. Review of Accounting and Finance, 15（1），21-44.

[20] Almeida H, Campello M，Weisbach M, (2004). The cash flow sensitivity of cash[J].Journal of Finance，59（4），1777-1804.

[21] Altaf N, Ahmad F, (2019). Working capital financing, firm performance and financial constraints.Empirical evidence from India international[J]. International Journal of Managerial Finance, 154，464-477.

[22] Banafa A S, Muturi W，Ngugi K（2015）. The liquidity factor in the financial performance of non listed financial firms in Kenya[J]. European Journal of Business and Management，4（7），1- 24.

[23] GOLDRATT E M. Critical chain[M]. New York：The North River Press，1997.

[24] Koziolek A，Avritzer A，Suresh S，et al. Assessing survivability to support power grid investment decisions[J]. Reliability Engineering & System Safety，2016，155：30-43.

[25] Masa-Bote D，Castillo-Cagigal，Matallanas M，et al. Improving grid integration through short time forecasting and self-consumption[J]. Applied Energy，2014，125：103-113.

[26] Zameer A，Arshad J，Khan A，Raja，MAZ. Intelligent and robust prediction of short term wind power using genetic programming based ensemble of neural networks[J]. Energy Conversion and Management，2017，134：361-372.

[27] Zadeh L A. A note on Z-numbers[J]. Information Scienees，2011，181（14）：2923-293.